선교사 바울이 선교사에게

바울로부터 온 편지 3
선교사 바울이 선교사에게

지은이 | 최종상
초판 발행 | 2025. 8. 20
등록번호 | 제1988-000080호
등록된 곳 | 서울특별시 용산구 서빙고로 65길 38
발행처 | 사단법인 두란노서원
영업부 | 2078-3333   FAX | 080-749-3705
출판부 | 2078-3331

책값은 뒤표지에 있습니다.
ISBN 978-89-531-5149-9 03230

독자의 의견을 기다립니다.
tpress@duranno.com   www.duranno.com

ⓒ 이 출판물은 저작권법에 의해 보호를 받는 저작물이므로
  무단 전재와 무단 복제, 무단 사용을 할 수 없습니다.

두란노서원은 바울 사도가 3차 전도여행 때 에베소에서 성령 받은 제자들을 따로 세워 하나님의 말씀으로 양육하던 장소입니다. 사도행전 19장 8-20절의 정신에 따라 첫째 목회자를 돕는 사역과 평신도를 훈련시키는 사역, 둘째 세계선교(TIM)와 문서선교 (단행본·잡지) 사역, 셋째 예수문화 및 경배와 찬양 사역, 그리고 가정·상담 사역 등을 감당하고 있습니다. 1980년 12월 22일에 창립된 두란노서원은 주님 오실 때까지 이 사역들을 계속할 것입니다.

선교사 바울이
선교사에게

최종상 지음

Letters
from
Paul

**바울로부터
온
편지**

3

두란노

차례

| **시리즈 서문** | 6
| **프롤로그** | 12

1_ 선교의 중요성을 확신하십시오   17
2_ 전도 중심적 선교를 하십시오   35
3_ 핵심 메시지를 분명히 전하십시오   69
4_ 목회적 심정으로 양육하십시오   97
5_ 재정에 대한 확고한 원칙을 가지십시오   117
6_ 아름다운 동역을 이루어 가십시오   133
7_ 하나님의 선교에 발맞추어 가십시오   157

| **에필로그** | 178
| **묵상과 나눔** | 183
| **바울이 보낸 선교 십계명** | 191
| **내가 쓰는 선교 고백문** | 192

| 시리즈 서문 |

예수님의 제자이면서 동시에 전도자, 선교사, 교회 개척자, 목회자, 신학자이자 저술가였던 사도 바울. 그는 다양한 역할을 훌륭하게 감당한 주님의 일꾼이었다. 그의 다면적 초상은 오랜 세월 동안 많은 그리스도인에게 영감을 주었고, 그의 삶과 사역, 가르침과 신학은 2천 년이 지난 지금도 여전히 적절하고 살아 있다.

종교다원화의 시대에 기독교 감소를 체험하는 서구 교회와 한국 교회는 기독교의 본질을 회복해야 할 중대한 기로에 서 있다. 이러한 때에 우리가 따라야 할 가장 적절한 모델이 바로 사도 바울이다. 그는 로마의 작은 식민지의 종족임에도 불구하고 거대한 헬라와 로마의 범신론과 세속화에 맞서 담대히 복음을 전하여 제국의 여러 속주에 교회들을 개척했다. 그의 목회와 가르침으로 성도들은 극심한 핍박 가운데서도 기독교의 본질을 지켜 냈고 마침내 로마 제국은 기독교를 공인하게 되었다. 바울이 어떻게 살고 무엇을 가르쳤기에 이런 역사가 뒤따르게 되었을까? 그의 삶과 가르침이 궁금하지 않을 수 없다. 사도 베드로는 바울의 가르침이 어렵다고 했지만 말이다 (벧후 3:15-16).

사도 바울이 21세기의 성도들과 목회자들, 선교사들 그리고 신학도들에게 편지를 쓴다면 과연 어떤 교훈과 권면을 줄까? 그의 가르침이 우리에게 절실하다. 그래서 이번 《바울로부터 온 편지》 시리즈에서는 만약 사도 바울이 이 시대를 살아가는 그리스도인들에게 권면과 도전의 메시지를 전한다면 어떤 말을 할지 편지의 형태로 기술해 보고자 한다.

대체적으로 바울서신은 수신인이 교회 지도부를 포함한 성도들이었고, 당시 1세기 교회들이 직면했던 상황을 전제로 기록되었다. 따라서 그의 서신들 속에서 21세기를 살아가는 '나에게', 특히 '목회자', '성도', '선교사', '신학도'라는 각각의 위치에 있는 '나에게' 주는 메시지를 찾아내기는 생각만큼 쉽지 않을 수 있다.

그래서 이번 《바울로부터 온 편지》 시리즈를 각각의 직분을 향한 편지 네 권으로 구성했다. 《목회자 바울이 목회자에게》, 《사도 바울이 성도에게》, 《선교사 바울이 선교사에게》, 《신학자 바울이 신학도에게》다.

이 시리즈에서는 각 직분자에게 사도 바울이 나눌 메시지를 모아 보았다. 하지만 각 직분에 따라 명확하게 구분하는 것은 불가능에 가까웠다. 다양한 직분의 역할을 사도 바울 혼자 감당했기 때문이며, 바울서신이 목회적이고 선교적인 동시에 신학적이며, 이런 요소들이 서로 복합적으로 뒤섞여 있다 보니 내용과 주제가 조금은 중복될 수밖에 없었다. 하지만 주로 누구에게 말하는가에 중점을 두고 기술하고자 했다. 서로 연결되어 있는 만큼 《바울로부터 온 편지》 시리즈 전권을 읽는다면, 바울의 사도적, 목회적, 선교적, 신학적 가르침을 포괄적으로 이해하게 될 것이다.

또한 네 권 모두 그 내용을 평신도들이 이해할 수 있도록 쉽게 기술하고자 노력했다. 성도들도 목회적, 선교적, 신학적 주제를 관심 갖고 읽기 바란다. 바울서신은 기본적으로 초대 교회 성도들에게 보낸 것인데, 거기에 위 주제들이 다 담겨 있고 그들도 신학적 내용을 이해했기 때문이다. 시리즈의 책을 다 읽으면 방대한 지식과 균형 잡힌 신앙을 갖게 되고 다른 직분자들을 더 잘 이해할 수 있게 될 것이다. 다만 사도 바울도 그랬듯이, 독자들이 궁금해할 모든 주제를 다룰 수 없는 한계에 대해서는 양해를 구한다.

바울의 권면을 새로이 들으려면 바울서신의 메시지만으로도 충분할 수 있다. 바울서신의 일차적 수신인은 우리가 아니었다 할지라도 하나님은 우리를 위해서도 쓰도록 섭리하셨기 때문이다. 하지만 보다 풍성한 메시지를 받기 위해 바울 당시 없었던 사도행전을 비롯하여 신약의 말씀들도 살피고자 한다. 사복음서에 기록된 예수님의 가르침도 조명할 것이다. 예수님의 가르침을 직접 받지 못했고 그분의 가르침과 행적이 기록된 복음서도 없던 시대에 사역했지만, 오늘 우리에게 편지를 쓰거나 가르친다면 당연히 기록된 예수님의 가르침을 많이 인용할 것이기 때문이다.

이 시리즈의 제목들은 13여 년 전, 이미 정해 놓았다. 그러나 이제야 세상에 나오게 된 것은 하나님의 은혜요 타이밍이라고 고백할 수 있다. 주님의 인도하심으로 CGN과 함께 작업한 10부작 스토리 다큐 〈바울로부터〉가 다양한 채널로 방영되었다. 미국에서 주관하는 ICVM(International Christian Visual Media) 크라운 어워즈에서 해외 프로덕션 부문 최고 영예인 금관상(Gold Crown Award)을 받았다. 게다가 80여 분으로 줄인 〈바울로부터 스페셜 마스터〉가 2024년 크리스마스 특집으로 KBS 1TV에서 방영되었고, 영어와 중국어를 비롯한 주요 언어로 자막 처리되어 세계로 뻗어 갔다.

다큐를 위해 스크립트로 쓴 원고가 《바울로부터》라는 제목으로 두란노에서 출판되었고, 2024년 한국기독교출판문화상 대상(大賞)을 수상하게 되었다.

이런 하나님의 은혜를 경험하면서 여러 해 전 제목만 정해 놓았던 이 시리즈를 마무리해야 한다는 책임감이 몰려왔다. 몇 번의 인터뷰를 통해 "바울이 오늘날 한국 교회에 어떤 메시지를 주실 것 같은가?"라는 질문을 자주 받으면서 집필을 결심하게 되었다. 다큐 〈바울로부터〉와 책에 이어 성도, 목회자, 선교사, 신학도에게 개별적으로 바울로부터 적절한 권면과 메시지가 전달되는 것은 하나님의 완벽한 시간표를 따르고 있다는 확신마저 든다.

서술 방식에 대해서는 고민이 많았다. 결론은 바울 사도가 성도들과 목회자들과 선교사들과 신학도들에게 직접 편지를 쓰듯 서간체를 채택했다. 사도 바울이 직접 말하는 일인칭 형식을 사용하려니 바울에 대해 기술하는 것과는 차원이 다른 부담감이 있었던 것은 사실이다. 혹시라도 바울의 삶과 가르침을 충분히 이해하지 못하면서 바울이 직접 말하는 것으로 전달하는 결과를 가져오면 안 된다는 생각 때문이었다. 그래서 망설였다.

그러나 바울로부터 직접 메시지와 설명을 듣는 서체

에는 이야기를 전달하는 제3자의 입장에서 기술하는 것과는 비교할 수 없을 만큼 더 큰 가르침과 묵직한 힘이 있으리라는 생각이 들었다. 이러한 이유로 바울의 마음과 정신과 신학을 최대한 제대로 투영시키려고 철저히 노력해야 한다는 것을 스스로 유념하며 용기를 내어 바울이 직접 전하는 편지의 형식으로 풀어내기로 했다. 이 시리즈가 현대의 믿는 자들 모두에게 '현대판 바울서신'으로 다가갈 수 있기를 소망한다.

《바울로부터 온 편지》 시리즈를 통해 바울을 본받아 힘을 얻고, 예수님과 바울이 각자에게 들려주는 메시지를 발견하게 되길 바란다. 그리하여 새로운 관점으로 성경과 바울의 삶을 보게 되고, 그의 가르침이 지식의 차원을 넘어 진정한 삶과 사역에서 변화를 경험하게 하는 원동력이 되길 소망하며 기도한다.

주님께 감사와 영광을 돌리며 출판에 힘써 준 두란노 편집팀, 아내 윤명희 선교사와 가족에게 감사드린다.

최종상

| 프롤로그 |

주 안에서 사랑하는 선교사님!

예수님의 영광스러운 복음을 온 세상에 알리는 전도와 선교는 하나님이 주신 가장 큰 사명입니다. 그래서 지상명령(至上命令, The Great Commission)이라고 부릅니다. 하나님께서 선교사님을 이 위대한 과업을 수행할 도구로 택하여 불러 주셨고 선교사님은 순종하여 그 일을 수행하고 있으니, 주님께서 기뻐하실 것이고 나도 감사하며 응원합니다.

예수님은 지상명령을 주시면서 그 과제를 수행하는 사람과 항상 함께하시겠다고 약속하셨습니다(마 28:20). 그래서 선교하다 보면 우리가 하는 일에 하나님이 함께하신다기보다 하나님이 하시는 일에 우리가 동참한다는 것을 알게 됩니다(고후 6:1). 선교는 하나님이 하시는 일입니다. 하나님이 주도하시는 데 인간 도구가 필요하셔서 우리를 부르셨고 화목하게 하는 말씀과 화목하게 하는 직분을 부여해 주셨습니다. 선교사님은 깨끗하고 진실한 그릇이 되어 예수 그리스도의 대사로서 주님의 인도하심을 따라 성실하게 사역하려고 애쓰는 줄 압니다(고후 5:18-20).

나도 복음의 진보를 위한 그릇으로 부름을 받아 예수님의 일꾼이 되었습니다(고후 3:6; 골 1:23; 행 9:15). 나는 이 복음을 위하여 선포자와 사도와 교사로 세우심을 입었다는 철저한 인식을 가지고 사역했습니다(딤전 2:7; 딤후 1:11). 로마 제국의 수리아, 길리기아, 구브로, 밤빌리아, 갈라디아, 브루기아, 마게도냐, 아가야, 아시아, 일루리곤 지역을 걸어 다니며 복음을 전했습니다. 복음을 듣고 예수님을 믿는 사람들을 모아 교회 공동체를 세웠습니다. 모두 하나님의 은혜와 인도와 역사(役事)로 이루어졌습니다.

그 과정에서 많은 고난과 핍박을 받았지만, 그런 박해가 우리의 선교 사역을 중단시키지 못했습니다. 오히려 복음은 왕성하게 퍼져 나갔고 교회는 확장되고 견고해졌습니다. 죽음에 이르게 한 핍박이, 오히려 예수님의 복음은 죽음도 불사하고 전할 가치가 있는 것임을 증명해 주었습니다. 복음의 진보를 가져오는 일이라면 무엇이든지 했고, 복음의 진보를 막는 일은 무엇이든 삼가고 저지하며 일편단심으로 사역할 수 있었던 것은 주님의 은혜요 축복이었습니다.

정도의 차이는 있겠지만 선교사님도 힘든 길을 걷고 있을 것입니다. 선교지에 따라 심한 핍박을 받기도 할 것입니다. 심한 영적 전투를 수년간 치러 오기도 했을 것입니다. 열매가 보이지 않는 외로운 길을 오래 걸어왔을지도 모릅니다. 부르심에 순종하기까지 어려움이 있었을 것입니다. 선교지에 나온 후에도 자녀의 교육, 본인의 건강과 불확실한 노후, 부모를 마음만큼 섬기지 못하는 것을 포함하여 어려움은 지속되었을 것입니다. 그러나 선교사님은 주님과 그분의 복음 때문에 이런 어려움을 자처했고, 낯선 지역과 힘든 환경을 선택했습니다.

주님이 그 마음을 잘 아십니다. 그래서 도와주셨을 것입니다. 선교사님의 자녀들은 서너 개 언어를 구사하고 국제 감각과 환경 적응력이 뛰어나며 자율성이 탁월

해졌을 것입니다. 경제적 지원은 부족했을지 모르지만 자녀들은 부모의 사랑과 기도를 듬뿍 받으며 안정된 신앙 환경에서 자랐을 것입니다. 하늘 아버지께서 친히 자녀들을 돌보아 주셨을 것입니다.

내가 사역하면서 배운 진리는, 지금 하고 있는 일에 최선을 다하는 것이 주님께서 다음에 맡기실 사역을 위한 가장 좋은 준비라는 것입니다. 나는 처음부터 청사진을 가지고 선교 사역을 출발한 것이 아니었습니다. 그때그때 주어진 일을 충실히 감당하려고 애썼을 뿐입니다. 삶이 끝날 때 뒤돌아보니 하나님께서 순간마다 신실히 인도해 주신 것을 알게 되었습니다. 이 편지에서 나의 선교 사역을 예화나 기준으로 언급한 것은 나를 자랑하려는 것이 아니라 구체적 삶으로 말해야 무게가 실릴 것 같아 부득이 그러했음을 양해해 주십시오.

선교사님, 선교사님의 삶 속에 착한 일을 시작하신 분이 그리스도 예수의 날까지 이루실 것입니다. 열방을 위한 복음의 일에 참여하고 있기 때문입니다. 지금까지 해 온 일을 묵묵히 하십시오. 이 편지가 도움이 되어 조금이라도 더 박진감 있고 진실한 선교 사역을 하게 된다면 감사할 것입니다. 남의 사역과 비교하지도 말고 이전 일은 잊어버리고 오직 주님과 주님의 푯대만 바라보고 꾸준히 달려가기 바랍니다. 응원하며 축복합니다

사도 바울 드림

1

선교의
중요성을
　　　　확신하십시오

오늘날의 실루기아 항구

-
안디옥교회의 파송으로 바울이 부활하신 예수님이 주신 지상명령과 성령님의 인도하심을 따라 세계 선교의 장도에 오를 때 그 출발은 실루기아 항구에서 시작되었습니다. 바울, 바나바, 마가 세 명이 복음을 들고 떠났습니다. 하나님이 함께하시는 선교의 출발은 아무리 작게 보여도 결코 작지 않습니다. 당신의 작은 출발도 마침내 큰 일을 이룰 것입니다.

| 행 1:6-8 |

그들이 모였을 때에 예수께 여쭈어 이르되 주께서 이스라엘 나라를 회복하심이 이때니이까 하니 이르시되 때와 시기는 아버지께서 자기의 권한에 두셨으니 너희가 알 바 아니요 오직 성령이 너희에게 임하시면 너희가 권능을 받고 예루살렘과 온 유대와 사마리아와 땅끝까지 이르러 내 증인이 되리라 하시니라

자신이 하는 일의 중요성을 확신하고 사명에 투철한 사람은 온갖 어려움에도 불구하고 그 힘든 일을 묵묵히 계속해 나갑니다. 선교사님은 어쩌다 맡은 일에 종사하는 것이 아니라 하나님의 부르심을 받아 하나님의 선교 사역을 수행하고 있습니다. 선교사님을 불러 맡기신 선교 사역이 하나님께 얼마나 중요한지 확실하게 인식하면 선교의 소명이 더욱 새로워지고 사

역에 대한 긍지를 갖는 데 도움이 될 것입니다. 아무리 힘들어도 이 일에 자신을 불러 주신 주님께 감사하며 더욱 충성하여 일하게 될 것입니다. 나도 주님의 은혜와 계시로 선교의 중요성을 인식한 후 모든 것을 버려두고 이 일에 매진했습니다.

드디어 알려진 하나님의 경륜

예수님이 십자가와 부활로 완성하신 복음은 하나님의 지혜요 경륜입니다. 경륜(經綸)은 하나님이 큰 뜻을 품고 치밀하게 계획하신 포부요 목표라는 의미입니다. 만세 전에 미리 정하셨지만 은밀하게 감추어 두셔서 다른 세대의 사람들은 이 경륜을 알 수 없었습니다. 그랬던 이 놀라운 섭리와 비밀을 성령님이 사도들과 나에게 나타내 주셨습니다.

이 비밀의 핵심은 이방인들도 그리스도 예수의 복음을 믿으면 유대인 성도들과 함께 상속자가 되고 함께 지체가 되고 함께 약속에 참여하는 자가 되게 하신 놀라운 하나님의 설계입니다. 유대인들은 몇 가지 구약 말씀을 근거로 '이방인'으로 총칭(總稱)되는 세계 모든 민족은 하나님의 선택에서 제외되었다고 확신하고 있었지만, 하나님은 창세 전부터 이미 열방의 모든 민족도 구원하시려는 계획을 가지고 계셨습니다. 이 은밀한 하나님의 계획은 이방인에게 측량할 수 없이 풍성한 은혜입니다(롬 16:25-26; 엡 3:2-11; 골 1:26-27).

예수님의 오심과 십자가와 부활로 이 비밀의 내용이 공개되었으니 하루 속히 이방인에게도 이 복된 소식을 알려야 했습니다. 내게 이 경륜의 비밀을 알려 주셨을 뿐 아니라 이방인들에게 전하라고 나를 불러 주신 것을 알고 나서 나는 이 복음을 전하는 일에 인생의 모든 것을 걸었습니다. 그러는 과정에서 오는 어떤 핍박도 견딜 수 있었습니다. 나의 선교 사역과 목회와 신학 작업은 이 비밀을 깨닫고 확신한 것에 뿌리를 두고 있습니다.

선교사님도 예수님의 죽으심과 부활로 드디어 드러난 하나님의 이 비밀을 알리는 일에 부름 받아 사역하고 있습니다. 하지만 내게 보여 주신 것을 직접 보지 못하고 내게 주신 계시를 직접 받지 못하여 감동과 확신이 덜

할 수도 있겠다는 생각이 듭니다. 그래서 복음서와 사도행전에 기록된 예수님의 행적과 가르침을 통해 선교가 얼마나 중요한 주제인지 정리해 드리겠습니다.

선교, 유일하게 반복 기록된 주제

전도와 선교가 예수님께서 부활하신 후 주신 가르침 중 유일하게 기록된 주제라는 점을 인식하면 성경 기록에 영감을 불어넣으신 성령님이 이 주제를 얼마나 중요하게 다루셨는지 알 수 있습니다. 예수님은 부활 후 40일을 계시다가 승천하셨는데 그 기간에 제자들에게 십여 차례 나타나셨습니다. 그때마다 가르치신 주제가 하나님의 나라에 대한 내용이었습니다(행 1:3). 공생애 기간에 가르치신 주제도 하나님의 나라였습니다. "하나님의 나라가 가까이 왔느니 회개하고 복음을 믿으라"로 공생애의 첫 메시지를 선포하셨고(막 1:15), 수많은 천국 비유로 하나님의 나라에 대하여 가르쳐 주셨습니다. 이 핵심 주제를 부활 후에도 계속 말씀하신 것입니다.

그런데 특이한 점이 있습니다. 십자가 사건 전에 하나님의 나라에 대해 가르치신 내용들은 복음서에 상당히 자세히 기록되어 있는데 부활 후에 하나님의 나라에 대해 가르치신 내용은 전혀 기록되지 않았다는 점입니다. 부활하신 후의 가르침에 더 권위를 두고 우선적으로 기록하리라는 상식으로 생각해 보면 매우 의아해 보입니다.

하지만 부활 후에 예수님이 말씀하신 내용이 전혀 기록되지 않은 것은 아닙니다. 베드로를 회복시키신 말씀이 있습니다(요 21:15-23). 더욱 중요하게 다섯 번이나 반복적으로 기록된 말씀이 있으니 바로 복음을 세계에 전파하라는 지상명령입니다. 한 번 행하신 오병이어 기적이 사복음서에서 네 번 기록된 것과 달리 지상명령을 주신 장소와 시기는 다섯 번 모두 다릅니다. 특히 누가가 이 주제를 중요하게 기록했습니다.

이같이 그리스도가 고난을 받고 제삼일에 죽은 자 가운데서 살아날 것과 또 그의 이름으로 죄 사함을 받게 하는 회개가 예루살렘에서 시작하여 모든 족속에게 전파될 것이 기록되었으니 너희는 이 모든 일의 증인이라(눅 24:46-48).

오직 성령이 너희에게 임하시면 너희가 권능을 받고 예루살렘과 온 유대와 사마리아와 땅끝까지 이르러 내 증인이 되리라 하시니라(행 1:8).

누가는 데오빌로에게 누가복음과 사도행전을 써 보냈는데, 누가복음 끝부분에 지상명령을 자세히 적고도 사도행전 초두에 또다시 기록했습니다. 두 권의 저술 중에서 주제가 중복 기록된 내용은 선교에 대한 말씀뿐입니다. 마치 "데오빌로여, 이 두 권의 내용이 모두 중요하지만, 예수님이 십자가와 부활로 완성하신 복음을 여기서부터 땅끝까지 전해야 한다는 선교의 사명만큼은 절대로 놓치면 안 된다"고 역설하는 것 같습니다.

마태복음은 1,071절로 가장 긴 복음서입니다. 그런데 부활 후 예수님의 가르침으로 기록된 내용은 선교에 대한 지상명령 세 절뿐입니다. 놀랍지 않습니까?

하늘과 땅의 모든 권세를 내게 주셨으니 그러므로 너희는 가서 모든 민족을 제자로 삼아 아버지와 아들과 성령의 이름으로 세례를 베풀고 내가 너희에게 분부한 모든 것을 가르쳐 지키게 하라(마 28:18-20).

마가복음과 요한복음에서도 선교에 대한 지상명령이 명확하게 기록되어 있습니다.

너희는 온 천하에 다니며 만민에게 복음을 전파하라(막 16:15).

아버지께서 나를 보내신 것같이 나도 너희를 보내노라(요 20:21).

선교하라는 지상명령이 유일한 주제로 반복 기록된 것은 성령님의 의도를 따른 것입니다. 성령님은, 하나님께서 예수님이 완성하신 위대한 사랑의 메시지가 온 세상에 전해져야 한다는 것을 얼마나 중요하게 생각하시는지 명확히 나타내셨습니다. 사도들과 우리에게 예수님의 부활을 믿을 뿐 아니라 예수 부활의 증인이 되라고 강조하셨습니다. 하나님 나라에 관한 다른 좋은 가르침도 성경에 기록하고 싶으셨겠지만 우리가 당신의 우선순위를 아는 데 혼돈의 여지가 없도록 선교라는 주제 하나만 부각하신 것입니다!

선교, 부활하신 예수님의 최대 관심사

예수님이 살아 돌아오시자, 이스라엘 나라를 로마로부터 해방하시리라는 제자들의 기대는 더욱 커졌습니다. 사실 오병이어 기적을 비롯하여 많은 병든 자들을 고치시고 고귀한 성품과 권위로 가르치시는 모습을 보고 이분이 이스라엘을 회복하실 메시아라고 굳게 믿었습니다(눅 24:21; 요 6:14-15). 그랬던 그분이 맥없이 십자가에 못 박히자 그들의 기대는 산산이 부서지고 말았습니다. 불과 사흘 후 예수님이 다시 살아 돌아오시자 이들의 믿음과 기대가 되살아나 더 확고해졌습니다. 하지만 40일 후 다시 떠나시겠다는 예수님의 말씀에, 다윗의 자손으로 오신 메시아가 이스라엘을 회복하리라는 제자들의 꿈은 다시 한 번 무산되는 듯했습니다.

그나마 한 가닥 희망은 "아버지께서 약속하신 성령을 기다리라"는 예수님의 말씀이었습니다. 확인차 조심스럽게 질문을 드렸습니다. "주께서 이스라엘 나라를 회복하심이 이때니이까?"(행 1:6). 예수님이 이스라엘을 회복하시지 않고 성령님이 오시면 그때에 회복하실지 여쭌 것입니다. 이 질문은 당시 제자들의 최대 관심사가 무엇이었는지 나타냅니다.

예수님의 반응은 냉담했습니다. "때와 시기는 아버지께서 자기의 권한에 두셨으니 너희가 알 바 아니"라고 하셨습니다(행 1:7). 이스라엘의 독립이 그들의 최대 관심사가 되어서는 안 된다고 선을 그으셨습니다. 오히려 당신의 최대 관심사가 그들의 최대 관심사가 되어야 할 것이라며 사도행전 1장 8절 말씀을 주셨습니다.

> 오직 성령이 너희에게 임하시면 너희가 권능을 받고 예루살렘과 온 유대와 사마리아와 땅끝까지 이르러 내 증인이 되리라 하시니라(행 1:8).

복음이 예루살렘과 온 유대와 사마리아와 땅끝까지 전파되는 것이 주님의 최대 관심사이며, 성령님은 그들을 능력 있고 효율적인 중인으로 세우기 위한 1차 임무를 띠고 오신다고 선언하셨습니다. 성령 충만하면 전도하게 되어 있습니다. 전도하기 위해 성령 충만을 구하여야 합니다. 성령은 전도의 영이십니다.

사도행전 1장 8절 말씀은 선교하라고 주신 지상명령 중 하나 정도가 아닙니다. 부활하신 예수님의 심장 속에 가장 중요하게 자리잡은 최대 관심사를 보여 주는 말씀입니다. 그러니 그리스도인이라면 그 누구도 주님의 이 최대 관심사를 모르거나 등한히 해서는 안 됩니다. 오히려 우리의 단기, 장기 관심사를 예수님의 최대 관심사에 맞추어야 합니다.

선교, 재림의 전제 조건

이렇게 지상명령을 주신 예수님은 제자들이 보는 앞에서 하늘로 들려 승천하셨습니다. 그 모습을 뚫어지게 쳐다보던 제자들에게 흰옷 입은 두 사람이 나타나 "갈릴리 사람들아 어찌하여 서서 하늘을 쳐다보느냐 너희 가운데서 하늘로 올려지신 이 예수는 하늘로 가심을 본 그대로 오시리라"고 말했습니다(행 1:11).

공생애 중에 주님은 재림하실 것을 말씀하셨습니다(마 16:27; 눅 17:30; 요 14:3). 재림의 전제 조건도 알려 주셨습니다. "이 천국 복음이 모든 민족에게 증언되기 위하여 온 세상에 전파되리니 그제야 끝이" 온다고 하셨습니다(마 24:14). 선교 사역으로 복음이 모든 민족까지 뻗어 가면 그때 다시 오시겠다 하셨습니다. 우리가 어떻게 선교하는가에 따라 주님의 재림이 앞당겨질 수도, 늦춰질 수도 있다는 해석을 가능하게 하는 엄청난 말씀입니다.

예수님의 탄생, 사역, 죽음, 부활, 승천은 비교적 짧은 기간에 이루어졌습니다. 33년 걸렸습니다. 그러나 속히 오시겠다고 약속하신 주님은(계 22:7, 12, 20) 2천 년이 지나도 오시지 않았습니다. 아직까지 복음이 모든 민족에게 전파되지 못했을 뿐 아니라 전에 전파되었던 나라들에서도 세대가 바뀌면서 예수 복음을 들어 보지 못한 사람이 늘어나기 때문입니다.

그럼에도 불구하고 모든 사람이 구원을 받으며 진리를 아는 데 이르기를 원하시는 하나님의 소원과 비전은 마침내 이루어질 것입니다.

이 일 후에 내가 보니 각 나라와 족속과 백성과 방언에서 아무도 능히 셀 수 없는 큰 무리가 나와 흰옷을 입고 손에 종려 가지를 들고 보좌 앞과 어린양 앞에 서서 큰 소리로 외쳐 이르되 구원하심이 보좌에 앉으신 우리 하나님과 어린양에게 있도다 하니 (계 7:9-10).

이는 물이 바다를 덮음같이 여호와의 영광을 인정하는 것이 세상에 가득함이니라 (합 2:14).

땅의 모든 끝이 여호와를 기억하고 돌아오며 모든 나라의 모든 족속이 주의 앞에 예배하리니 (시 22:27).

구약에도 이방인들의 구원에 대해 무수히 언급되어 있습니다. 이스라엘이 선민의식에 빠져 그 말씀들을 읽으면서도 깨닫지 못했던 것입니다. 나는 그리스도를 통하여 죄로 죽은 아담의 모든 후손을 구원하시기를 기뻐하신다는 하나님의 경륜의 비밀을 깨닫고 복음을 전하면서 수많은 유대인들과 이방인들이 예수님을 믿고 하나님의 자녀가 되는 사건들을 경험했습니다.

"이 복음은 모든 믿는 자에게 구원을 주시는 하나님의 능력이 됨이라 특별히 유대인에게요 또한 동등하게 헬라인에게로다"(롬 1:16, 유대인 신약성경).

선교를 위해 쓰인 성경

신약성경은 선교하는 중에 선교를 위하여 쓰인 책입니다. 복음서 네 권은 전할 복음의 내용을 담은 책이요, 사도행전은 복음이 예루살렘에서 땅끝까지 확장되는 과정을 기록한 책입니다. 나의 서신들은 선교의 결과로 세워진 교회들을 위한 양육 서신입니다. 신약성경을 선교적 관점으로 읽어야 하는 이유입니다.

구약성경도 그렇습니다. "온 땅", "모든 민족", "열방" 같은 단어들이 나오는 구약의 말씀들을 눈여겨보십시오. 누가복음 24장 44-48절의 말씀을 보면 구약성경의 핵심은 예수님에 대한 예언이며(요 5:39, 46), 예수님은 공생애 중 제자들에게 그 예언들이 이루어지리라고 가르쳐 주셨습니다. 이루어져야 할 그 내용이 그리스도의 고난과 부활이라고, 예수님이 설명해 주셨을 때 그들은 (구약)성경을 깨닫게 되었습니다.

> 그리스도가 고난을 받고 제삼일에 죽은 자 가운데서 살아날 것과 또 그의 이름으로 죄 사함을 받게 하는 회개가 예루살렘에서 시작하여 모든 족속에게 전파될 것이 기록되었으니(눅 24:46-47).

그리스도의 고난과 부활, 그리고 복음의 세계 전파가 예수님을 가리켜 기록된 구약 내용의 핵심이라고 알려 주셨습니다. 더 중요한 것은, 이 두 가지가 불가분의 관계에 있다는 것입니다. 선교는 성경적 근거를 가진 정도가 아니라 성경 전체가 하나님의 선교의 교본이요 결과물입니다. 따라서 성경을 선교적 관점에서 읽고 이해해야 하며 선교에 대한 하나님의 마음을 헤아려 모든 그리스도인이 선교 지향적 삶을 살아야 합니다. 또한 선교의 결과로 교회가 세워졌으므로 모든 교회가 선교 사역에 참여해야 합니다.

선교사님, 영혼 구원이 하나님의 뜻입니다(요 6:39-40). 하나님은 성령으로 직접 전도하지 않으시고 천사를 동원하지도 않으십니다. 미련해 보이는 우리의 전도와 선교를 통하여 당신의 뜻을 이루어 가십니다. 누구든지 주의 이름을 부르는 자는 구원을 얻는 것이 하나님의 은혜입니다. 내가 로마 성도들에게 강조했던 것같이 그들이 믿지 않는 예수님을 어찌 부르겠으며, 듣지도 못한 예수님을 어찌 믿겠으며, 전파하는 자가 없는데 어찌 복음을 들을 수 있겠으며, 보내심을 받지 아니하였으면 어찌 전파하겠습니까?(롬 10:14-15). 구약에서도 좋은 소식을 전하는 자들의 발이 아름답다 하였는데(사 52:7), 선교사님도 복되고 아름다운 소식을 전하는 자로 부름을 받고 보냄을 받았습니다.

전도와 선교는 마땅히 모든 교회와 성도의 가장 중요한 관심사가 되어야 하고, 핵심 사역이 되어야 합니다. 선교사를 보내기도 하고, 직접 나가기도 하면서 복음의 세계 전파를 위해 총력을 기울여야 합니다. 선교사님은 부활하신 예수님의 최대 관심사를 나의 최대 관심사로 삼아 이미 수행하고 있습니다. 이 중요성을 새로이 더 깊이 인식하여 예수님의 최대 관심사를 수종 들고 있음에 감사하면서 복음을 살아 내고 전하는 일에 더욱 충실하시기를 축복하며 기도합니다.

2

전도 중심적 선교를 하십시오

아덴의 고대 아고라에 보존된 베마 연단 위에 놓인 표지석

바울이 행했던 선교의 핵심은 복음 전도였습니다. 우상의 도시 아덴에 도착한 바울은 안식일에는 유대인 회당을 찾아 전도했고 평일에는 아고라에서 헬라인들에게 복음을 전했습니다. 개인 전도도 했을 것이고 이 베마 연단에 올라 대중 전도 연설도 했을 것입니다. 이런 그의 전도 노력 덕분에 아레오바고 언덕에 초대되어 수많은 철학자들에게도 예수 복음을 전하게 되었습니다.

| 엡 6:19-20 |

또 나를 위하여 구할 것은 내게 말씀을 주사 나로 입을 열어 복음의 비밀을 담대히 알리게 하옵소서 할 것이니 이 일을 위하여 내가 쇠사슬에 매인 사신이 된 것은 나로 이 일에 당연히 할 말을 담대히 하게 하려 하심이라

부활하신 예수님의 최대 관심사가 선교인 만큼 그 선교의 핵심 사역이 무엇인지 알아야 하겠습니다. 선교의 핵심은 예수님이 삶과 십자가와 부활로 완성하신 복음을 전하는 것입니다. 전도가 선교사의 기본 임무임에도 불구하고 전도와 선교에 대한 개념이 혼선을 빚으면서 선교의 핵심 사역인 전도가 소홀해지는 경우가 많습니다. 따라서 선교와 전도에 대한 개념부터 이

해하면 좋겠습니다.

사실 '선교', '선교사' 같은 단어들은 성경에 전혀 쓰이지 않았습니다. 반면, 기쁜 소식(복음)을 전한다는 헬라어 동사 '유앙겔리조마이'(euangelizōmai)는 신약성경에 54번, 그 명사형 '복음'은 76번 나옵니다. 이렇게 보면 '전도'(evangelism)가 성경적 핵심 용어인 것입니다.

'선교'(mission)는 '멀리 보내다, 파견하다'를 뜻하는 라틴어 '미토'(mitto)에서 유래했습니다. 이런 배경 때문에 선교는 멀리 외국으로 간다는 개념과 함께 지역적 의미가 부각되었습니다. 그리하여 "너희는 가서 모든 족속을 제자로 삼"으라는 말씀에서 '가라'는 명령이 '멀리 가라'는 의미로 받아들여지곤 했습니다. 가까운 이웃이 있는 '예루살렘'부터 시작하여 '땅끝'까지 가야 되는데 내 주변을 전도하지 않고 먼 곳부터 가는 현상이 생겼습니다.

자연히 선교에서 '해외'가 강조되었고 언어와 문화와 종교가 다른 외국에 나가 사역하는 사람을 선교사로 부르게 되었습니다. 수백 년이 흐르며 선교사가 '복음을 전하는 전도자'를 지칭하는 기능적 개념보다 지역적 개념이 부각되어 '해외 타 문화권에 나가 있거나 사역하는 사람'으로 인식되었습니다. 선교사들도 선교사라는 자신의 정체성을 전도 활동으로 정의하기보다 보냄을 받아 외국에 머무르는 상태로 인식하여 전도 사명을 등한히 하는 경우가 많아졌습니다. 용어를 혼용하여 생긴 개념의 혼란입니다. 마치 선교지에서 '교회를 세운다'고 하면서, 전도하여 예수 공동체를 꾸리기보다 '건물'부터 먼저 세우는 것과 같습니다.

하지만 신약성경의 강조점은 언제나 지역이 아니라 복음을 전하는 행위에 있었습니다. 이웃이든 자국이든 해외이든 상관이 없었습니다. 내가 사역하던 1세기에는 그 지역이 모두 로마 제국의 관할 아래 있었기에 외국이라는 개념도 약했습니다. 이스라엘을 포함하여 아주 넓은 지중해 연안 국가들이 그리스와 로마의 지배를 수백 년 받다 보니 문화적으로 동화되어 타 문화권이라는 개념도 거의 없었습니다. 더구나 모두 헬라어를 공용어로 썼기에 언어의 장벽도 거의 없었습니다. 자연히 외국이라는 지역 개념보다는 전도라는 사역 개념이 우선이었습니다. 하지만 현대에서는 지역 개념이 더 부각되다 보니 사역 개념이 약화되었습니다. 해외 타 문화권에 나가 있다 하더라도 복음을 전하지 않으면 선교한다고 볼 수 없기 때문에 전도 활성화로 선교의 본질을 찾아야 하겠습니다.

나의 필수 책무 회고

선교사의 가장 중요한 책무는 복음을 전하는 것입니다. 복음을 전하기 위해 부르심을 받았기 때문입니다. 다메섹으로 가는 길에 주님께서 내게 나타나신 것은 당신의 이름과 복음을 이방인과 유대인에게 전하기 위하여 나를 택하셨음을 알려 주시기 위함이었습니다. 모든 사람 앞에서 보고 들은 것을 전하는 예수 복음의 증인으로 삼으시려고 나타나셨습니다(행 9:15, 22:15, 26:16). 하나님이 "자기 때에 자기의 말씀을 전도로 나타내셨으니 이 전도는 우리 구주 하나님이 명하신대로 내게 맡기신 것"입니다(딛 1:3). 나는 그 필수 책무를 명심했습니다.

"그리스도께서 나를 보내심은 세례를 베풀게 하려 하심이 아니요 오직 복음을 전하게 하려 하심"임을 철저히 인식했기에 고린도에 갔을 때 예수님이 그리스도가 되신 것과 그분이 십자가에 못 박히시고 부활하신 것 외에는 아무것도 알지 않고 전하지 않기로 작정했습니다. 구약성경 말씀대로 예수님이 십자가에 돌아가시고 부활하신 것을 가장 중요하고 우선적인 메시지로 전했습니다(고전 1:17, 2:2, 15:1-4; 행 18:5).

로마 제국의 여러 속주에서 복음을 전하여 결신자들을 모아 교회 공동체를 세운 것은 하나님의 크신 은혜였습니다. 복음 전파는 영적 전쟁의 최전방에 서는 것이어서 사탄의 공격이 심했습니다. 어디 하나 편안하게 전도할 수 있는 곳이 없었지만 어디로 쫓겨 가든지 도착한 곳에서 다시 전도를 이어 갔습니다. 우리는 육신을 따라 싸우는 것이 아니기에 어떠한 견고한 진(陣)도 무너뜨리는 하나님의 능력으로 맞섰습니다. 십자가로 세상의 통치자들과 공중의 권세들을 무력화하신 예수님의 능력으로 싸웠습니다. "내가 주를 의뢰하고 적군을 향해 달리며 내 하나님을 의지하고 담을 뛰어넘나이다"라고 고백한 다윗의 믿음으로 나아갔습니다(고후 10:3; 골 2:14-15; 시 18:29).

그때마다 하나님이 늘 함께하시며 넉넉히 감당하게 해 주셨고 예비하신 영혼들을 붙여 주셨습니다. 나는 복음의 소중함을 확신했고 구령(救靈)을 향한 간절함이 있었기에 어떤 고난도 이기고 담대히 복음을 전할 수 있었습니다. 어떤 때는 횃불같이 타오르고, 어떤 때는 핍박의 바람으로 작은 촛불같이 되었지만 전도의 불씨가 꺼진 적은 없었습니다.

복음은 믿는 모든 자에게 구원을 주시는 하나님의 능력이기에 복음이 선포되었을 때 성령의 역사로 예수님을 믿는 사람들이 생겼습니다. 유대인들 중에도 예수님을 메시아로 믿는 사람들이 생겼지만 특히 많은 이방인이 예수님을 믿었습니다. 듣고 믿은 복음을 가족과 이웃에게 전하기 시작했습니다. 그리하여 주의 말씀이 그 지방에 두루 퍼졌습니다(행 13:49). 에베소에서 두란노서원을 열어 이태 동안 성경 공부와 전도 훈련에 집중한 결과 아시아에 사는 유대인과 이방인이 다 주의 말씀을 들었고, 그 결과 골로새, 서머나, 빌라델비아, 라오디게아, 히에라볼리 같은 아시아의 여러 지역에 교회들이 개척되었습니다(행 19:8-10; 골 4:13-16).

내가 모든 사도보다 더 많이 전도에 매진한 것은 사실입니다(고전 15:10). 그래도 자랑할 것이 없음은 전도하라는 사명을 받았기 때문입니다. 부득불 할 일이요 전도를 등한히 하면 내게 화가 미칠 것으로 철저히 인식하고 살았습니다(고전 9:16-17). 전도는 특이하거나 특별한 일이 아니라 그냥 일상이었습니다. 유대인들에게 복음을 전하고자 율법 아래 있는 자같이 살았고, 이방인에게 복음을 전하고자 율법 없는 자같이 행동했습니다. 복음을 전하기 위해서라면 기꺼이 여러 사람에게 여러 모양이 되었습니다(고전 9:20-21). 하나님의 은혜의 복음을 증언하는 일이 주 예수께 받은 나의 사명이었기 때문입니다. 그 사명을 충실히 이행하기 위해서라면 생명조차 조금도 귀한 것으로 여기지 않고 달려왔습니다(행 20:24). 전도가 내 선교 사역의 핵심이라는 것을 잊어 본 적이 없었습니다.

예수님, 전도의 최고 모본

전도의 최고 모본은 예수님입니다. 예수님은 잃어버린 자를 찾아 구원하러 오셨다고 하셨습니다(눅 19:10). 공생애를 시작하시면서 발표하신 사역의 청사진의 핵심은 전도였습니다.

> 주의 성령이 내게 임하셨으니 이는 가난한 자에게 복음을 전하게 하시려고 내게 기름을 부으시고 나를 보내사 포로된 자에게 자유를, 눈 먼 자에게 다시 보게 함을 전파하며 눌린 자를 자유롭게 하고 주의 은혜의 해를 전파하게 하려 하심이라 하였더라(눅 4:18-19).

예수님은 이사야가 예언한 여호와의 종이 바로 당신임을 확증하시면서 그의 사명 또한 당신의 것으로 선언하셨습니다(사 61:1-2). 이 비전 선언문에 반복되고 강조된 단어는 '전파'입니다. 주님은 전도하기 위해 오셨습니다. 그래서 "우리가 다른 가까운 마을들로 가자 거기서도 전도하리니 내가 이를 위하여 왔노라 하시고 이에

온 갈릴리에 다니시며 그들의 여러 회당에서 전도하"셨습니다(막 1:38-39). 제자들을 부르신 1차적 목적도 사람을 낚는 전도자가 되게 하심이었습니다(마 4:19).

예수님은 "모든 도시와 마을에 두루 다니사 그들의 회당에서 가르치시며 천국 복음을 전파하시며 모든 병과 모든 약한 것을 고치"셨습니다. 전도의 현장에서 일꾼이 부족한 것을 보시고 제자들에게 "추수할 것은 많되 일꾼이 적으니 그러므로 추수하는 주인에게 청하여 추수할 일꾼들을 보내 주소서 하라"고 기도를 부탁하셨습니다(마 9:37-38). 무덥고 먼지 나는 길을 걸어 찾아오지 못하는 영혼들을 만나러 찾아 나서셨습니다.

사마리아 여인을 만나 복음을 전했고 그를 통해 온 마을이 예수님을 믿는 역사가 일어났습니다. 폭풍을 뚫고 군대 귀신 들린 한 사람을 찾아가기도 하셨습니다. 당시 주님은 어디를 가시든지 무리가 구름같이 모여들었습니다(막 3:7, 20, 32, 4:1). 그 무리를 뒤로한 채 제자들을 모두 데리고 갈릴리 호수 저편 거라사 지방에 가셨는데 거기서 하신 일은 군대 귀신 들린 한 사람을 고친 일 뿐이었습니다. 한 영혼을 구하는 일이라면 어떤 먼 걸음도 마다하지 않으시고 어떤 대가도 치르시는 분임을 제자들에게 행동으로 보여 주셨습니다. 한 영혼이 천하보다 귀하기 때문입니다. 그 일을 위해 오셨기 때문입니다. 그래서 나도 예수님을 본받아 한 영혼에게라도 더 복음을 전하고자 애썼습니다.

전도, 선교사의 필수 책무

선교사님은 지금까지 어떻게 전도해 왔고 얼마나 해 왔습니까? 불신 영혼들을 만나 복음을 전하는 직접 전도는 선교사님의 사역에서 얼마나 비중을 차지하고 있습니까? 외국에 사는 것이나 바쁘게 시간을 보내는 것이 곧 선교는 아닙니다. 만남, 회의, 강의, 설교, 행정, 상담도 필요하지만 이런 일로 바빠서 전도할 시간을 내지 못한다면 선교사님은 선교사로서 감당해야 할 핵심적 필수 사역을 놓치고 있는 것입니다.

선교의 형태는 다양합니다. 현대 선교에서는 더욱 세분되기도 합니다. 교육, 의료, 농업, 교회 개척, 제자

양육, 성경 번역, 신학교, 행정, 문화, 예술, 음악, 문서, 방송, 영상 제작, 디자인, 스포츠, 기술 지원, 비즈니스 등 다양합니다. 다 필요하여 소명과 소질을 따라 감당하는 줄 생각합니다. 그래서 모든 선교사가 직접 선교에 대부분의 시간을 할애해야 한다는 말은 아닙니다. 하지만 아무리 간접 선교라 하더라도 선교사라면 복음을 전해야 합니다.

긍휼 사역, 개발 사역, 인권 운동 등이 선교지 상황에 따라 필요할 경우가 있습니다. 그런 경우에도 선교사는 사회 사업가의 역할을 넘어 복음을 전하는 사람이 되어야 합니다. 지원하는 역할이 주 임무라 해도 복음의 진보를 위해 실제로 시간을 내어 전도해야 합니다. 주어진 여건에서 최대한 복음을 전하려는 구령의 열정으로 가득 차야 합니다. 그래야 선교사입니다.

선교사님 본인이 최선을 다해 전도할 뿐 아니라 현지인들을 동원하고 훈련시켜 함께 정기적으로, 지속적으로 전도 활동을 하십시오. 일시적 행사나 이벤트식 전도로 일 년 전도를 다했다고 생각해서는 안 됩니다. 전도는 지속성이 생명인데, 지속하려면 다른 선교사들이

나 성도들과 전도대를 만들어 매주 꾸준히 이어 가는 것이 효과적입니다. 개인은 전도를 지속하기 쉽지 않습니다. 불가피한 일로 빠지고 그것이 반복되다 보면 다시 시작하기 어렵기 때문입니다. 개인은 전도를 지속하기 어려워도 전도대를 운용하면 전도를 이어 나갈 수 있습니다.

예수님은 열두 사도와 칠십 문도를 훈련시켜 전도하도록 파송했습니다(마 10:1-42; 눅 10:1-20). 나도 두란노서원에서 꾸준히 전도 훈련을 진행해 훈련생들을 아시아 전역으로 파송했고 그 결과 아시아 전역이 복음을 듣고 여러 교회가 세워졌습니다. 모두 사역을 겸한 현장 훈련(on the job training)이요, 현장 훈련을 겸한 전도 사역이었습니다. 선교사님도 전도 인력을 모집하여 훈련하고 현장에 나가 실제로 전도하게 하는 사역을 몇 년이고 지속하면 사역이 활성화될 것입니다.

꾸준히 전도하다 보면 평소에 전도를 받고 관심을 보인 사람들을 다시 만나거나 자연스럽게 교회로 초청할 기회가 필요합니다. 간접적으로나마 복음을 전할 계기를 마련하기 위해 분기별, 혹은 연례 행사를 준비하여 초청하면 좋습니다. 중요한 것은 꾸준히 정기적으로, 몇 년이고 지속적으로 이어 가는 것입니다. 결과를 보려면 반복하고 지속해야 합니다. 어쩌면 열매를 보지 못하고 땅을 파고 터를 닦고 씨를 뿌리고 물 주는 일이 된다 할지라도 꾸준히 전도해야 합니다. 하나님께서는 다른 사람들을 통하여 선교사님이 하신 일들을 이어 가시고 열매를 거두실 것입니다.

선교사님, 전도 중심적 선교를 하려고 늘 경성하고 더 지속할 수 있는 효율적인 방법을 찾으십시오. 외국이나 타 문화권에 나가 있다고 해서 선교의 사명을 잘 감당하게 되는 것은 아니기 때문입니다. 선교지에 나가 있지만 언어와 문화 차이, 영적 전쟁과 잡무와 가사, 인간 관계의 어려움 때문에 정작 주 목적인 전도가 우선순위에서 밀리는 경우가 많습니다. 그럼에도 불구하고 현지의 불신 영혼들을 위해 애타는 심정으로 기도하며 기회를 만들어 영혼들을 만나러 나가고, 만나면 입을 열어 예수님에 대해 얘기하길 당부합니다.

공개적이고 대대적인 전도를 하기 어려운 지역이 있습니다. 전도하기 힘든 상황 속에서도 그 자리를 지키는 선교사들의 고통과 수고를 이해하며 고맙게 생각합니다. 그렇다고 그런 상황이 두려워 전도할 시도조차 못하고 다른 일만 하고 있으면 안 됩니다. 아무리 전도에 제약이 있는 나라라 할지라도 하나님께서 열어 주시는 문은 반드시 있습니다. 다른 지역보다 좁고 힘든 것은 사실이지만 아예 전도할 수 없는 것은 아닙니다. 선교사는 기도와 지혜로 그 문을 찾아야 합니다.

어떤 나라에서는 기독 문서 배포나 현지인 개종 시도가 금지되어 있습니다. 하지만 전도의 기회가 완전히 막힌 것은 아닙니다. 기독 문서를 주면 문제가 되지만 현지인이 스스로 집어 가게 하는 것은 위법이 아닌 경우가 있습니다. 예수 믿으라는 말을 먼저 하는 것은 문제가 될 수 있지만 현지인의 질문에 대답해 주는 것은 위법이 아닌 경우도 있습니다. 공개적으로 전도하지 못할 환경이어도 오랫동안 진실하고 깊은 관계를 형성하려고 노력하다 보면 현지인이 삶과 신앙에 대해 물어 올 때가 올 것입니다. 우리의 삶의 모습이나 예수 소망에 관해 이유를 물어 오는 사람에게 대답할 것을 항상 예비하고 있다면, 이럴 때에 자연스럽게 복음을 나눌 기회를 잡을 수 있을 것입니다. 진정한 우정으로 진지하게 질문한 사람들은 당국에 신고하지 않을 확률이 높습니다. 물론 조심스럽고 지혜롭게 처신해야 합니다.

내가 복음을 전하러 다녔던 시대에도 항상 핍박과 오해와 공격이 있었습니다. 우리는 열린 문을 위해 기도했고 지혜를 동원하여 전도 기회를 찾으려고 애썼습니다. 그때마다 하나님께서 전도할 문을 열어 주시는 것을 경험했습니다.

선교사님도 어찌하든지 복음을 전하려고 애쓰면 시간은 걸려도 기회가 올 것입니다. 선교사님이 처한 힘든 상황을 과소평가하려는 것은 아닙니다. 다만 전도라는 본연의 기본 임무에 최선을 다하라고 권면하는 바입니다. 어려운 상황 때문에 전도에 대한 열정을 빼앗기거나 낙심하지 말라고 당부하는 것입니다. 선교 연륜이 쌓이고 직위가 높아지면 컴퓨터 스크린 뒤에 숨어 행정만 보지 말고 불신 영혼들을 찾아 나서라고 권면하는 것입니다. 어려운 것에 비례하여, 또 높아진 직책에 발맞추어 선교사님의 전도 열망은 더욱 불타오르길 바랍니다.

새로운 선교사를 많이 발굴하여 파송하는 것도 필

요하지만 선교지에 나가 있는 선교사들이 최대한 효율적으로 전도 사역을 활성화하는 것이 우선적으로 중요합니다. 현대 선교에서는 선교사의 절대 대수가 기존 성도들과 교제하고 양육하는 일에 종사하고 있습니다. 물론 이것도 필요하지만 불신자들에게 전도하는 선교사들이 절대적으로 더 필요합니다. 성령님이 열어 주시는 전도의 기회를 찾고 선용하여 복음의 씨를 뿌리며 물 주며 추수하는 큰 감사와 기쁨을 누리길 축복합니다.

선교사의 기도 제목

내가 초대 교회의 성도들에게 부탁한 기도 제목을 보면 나 자신이 전도를 얼마나 중요하게 생각했는가를 알게 될 것입니다. 나는 여러 교회 성도들을 위해 많이 기도했고 편지에도 몇 가지 기도 내용을 적어 보냈습니다. 또 성도들에게 우리 선교팀을 위해 기도해 달라고 부탁하기도 했습니다.

또한 우리를 위하여 기도하되 하나님이 전도할 문을 우리에게 열어 주사 그리스도의 비밀을 말하게 하시기를 구하라 내가 이 일 때문에 매임을 당하였노라 그리하면 내가 마땅히 할 말로써 이 비밀을 나타내리라(골 4:3-4).

또 나를 위하여 구할 것은 내게 말씀을 주사 나로 입을 열어 복음의 비밀을 담대히 알리게 하옵소서 할 것이니(엡 6:19).

너희는 우리를 위하여 기도하기를 주의 말씀이 너희 가운데서와 같이 퍼져 나가 영광스럽게 되고 또한 우리를 부당하고 악한 사람들에게서 건지시옵소서 하라(살후 3:1-2).

먼저 알아야 할 것은 내가 나 자신이나 전도팀을 위해 기도 제목을 낸 적이 거의 없다는 것입니다. 반면, 어느 교회에 부탁하든 기도 제목은 같았고, 그 내용은 모두 복음 전파를 위한 기도 부탁이라는 것입니다. 복음을 전하려 할 때 주님께서 전도할 문과 듣는 사람들의 마음 문을 열어 주시길, 또 기회가 생겼을 때 담대하고 분명하게 복음의 비밀을 설명할 수 있게 기도해 달라고 요청했습니다. 건강이나 출옥이나 재정 공급이나 핍박 중단을 위해 기도를 요청하지 않았습니다.

효율적인 전도를 위한 기도 제목만 거의 유일하게 반복하여 부탁한 이유는 그만큼 전도가 내가 우선할 책무라는 것을 절감했기 때문입니다. 예수님이 주신 몇 개 안 되는 구체적 기도 제목도 영혼을 추수하는 전도와 관계가 있음을 잊지 마십시오. 예수님은 "추수할 것은 많되 일꾼이 적으니 그러므로 추수하는 주인에게 청하여 추수할 일꾼들을 보내 주소서 하라"고 하셨습니다(마 9:37-38).

선교사가 현지 적응, 현지인과의 관계, 언어 습득, 자녀 교육, 건강, 재정, 비자 연장, 사역 프로그램 등을 위해 기도를 부탁하는 것은 당연합니다. 그러나 빠뜨리지 말고 요청해야 할 가장 중요한 기도 제목은 하나님께서 전도할 문을 열어 주사 분명하고 담대하게 복음을 전할 수 있게 해 달라는 것입니다. 선교사는 복음을 전하라고 파송받고 지원받는 사람입니다. 복음을 전하는 것이 당연하면서도 가장 중요한 일입니다. 그러나 여러 가지 잡무와 힘든 인간관계, 영적 대적과 훼방으로 복음 전도가 뒷전으로 밀리기 쉽습니다. 그러니 전도의 우선권을 지키며 효과적으로 전도할 수 있도록 기도를 부탁하고 중보 기도로 지원을 받아야 합니다.

선교사 자신도 전도의 문이 열리도록 기도해야 합니다. 주께서 루디아의 마음을 열어 내가 전하는 말을 듣게 하셨습니다. 빌립보에서 억울하게 매를 맞고 감옥에 갇혔을 때에도 하나님이 주시는 평안과 믿음으로 기도하며 찬양하자 죄수들과 간수에게 복음을 전할 문이 열렸습니다.

더 나아가 선교사는 성도들과 자신의 기도가 응답될 것을 믿고 열린 문을 찾아 나서야 합니다. 나의 선교 여정은 핍박의 연속이었는데 대부분의 경우 핍박이 오면 다른 도시로 피했습니다. 피신해 간 곳에서도 복음을 전했습니다. 하나님의 섭리 가운데 그곳에 복음을 전하라고 핍박을 허락하셨다고 믿었기 때문입니다. 이런 핍박 때문에 오히려 더 많은 도시에서 복음을 전할 수 있었습니다.

선교지에서 전도할 길이 막히면 다른 곳에 열린 문이 있는지 살펴보십시오. 물론 힘들다고 곧바로 사역지를 옮기는 것은 좋은 전략이 아닐 수도 있습니다. 2차 선교여행 때 아시아로 가서 복음을 전하고자 했으나 성령님이 막으시는 것을 느꼈습니다. 그래서 브루기아와 갈라디아 땅으로 다녀 무시아를 지나 북쪽 비두니아로 가려 했으나 거기로 가는 것도 주님께서 막으셨습니다. 하지만 이렇게 갈 길을 분명히 알지 못하고 이곳저곳을 다니는 동안에도 우리는 전도하기를 멈추지 않았습니다. 브루기아에 교회가 세워진 게 바로 이때였습니다(행 16:6-7, 18:23).

내가 에베소에 3년이나 머문 것은 핍박이 없었기 때문이 아닙니다. 오히려 사형 선고를 받은 듯한 시련 속에서 살 소망까지 끊어질 만큼 극심한 박해와 고난을 겪었습니다. 광대하고 유효한 전도의 문이 열리기도 했지만 대적하는 자가 많았습니다(고전 16:8-9; 고후 1:8-10). "맹수와 더불어 싸"우고, "유대인의 간계로 말미암아 당한 시험을 참"아야 했습니다(고전 15:32; 행 20:19). 그래도 피하지 않고 에베소에 머물며 사역을 이어 갔습니다. 그러는 동안 주께서 에베소를 중심으로 아시아 전역에 큰 부흥을 허락해 주셨습니다. 하나님이 선교의 주체이십니다. 우리의 기도를 들으시고 전도의 문을 열어 주시고 우리와 함께하시어 당신의 구원 역사를 이루어 가십니다.

선교사의 선교 보고

내가 선교여행을 마치고 돌아와 보고하는 내용을 보아도 전도가 선교 사역의 핵심이 되어야 한다는 것을 알 수 있을 것입니다. 바나바와 내가 1차 선교여행을 마치고 안디옥교회로 돌아와 보고한 내용의 핵심은 첫째로 하나님이 우리를 통해 하신 일들이었습니다. 선교는 하나님이 하시는 일이므로 선교 보고나 간증에서 선교사 자신이 드러나지 않도록 조심해야 합니다. 두 번째 핵심 보고는 하나님께서 이방인들에게 믿음의 문을 여신 내용이었습니다. 3차 여행을 마치고 예루살렘 교회 지도자들에게 보고했던 내용도 같은 맥락이었습니다. 복음을 듣지 못한 이방인들이 예수 신앙을 갖게 된 전도 간증이 보고의 주류를 이루었습니다(행 14:27, 21:19; 롬 15:18).

루스드라에서 죽도록 돌에 맞은 얘기를 포함하여 도시마다 핍박을 피해 다니며 고생한 간증 거리도 풍성했습니다. 하지만 우리는 전도 간증을 선교 보고의 핵심 내용으로 나누었습니다. 성도들이 선교 보고를 듣고 기뻐하며 하나님께 영광을 돌리는 것을 보아도 그들이 우리가 전도에 집중하길 바라며 기도해 왔음을 감지할 수 있었습니다. 선교사님도 기도 편지를 쓰거나 선교 보고할 기회가 있을 때마다 하나님이 함께하셔서 전도의 문을 열어 주신 내용과 현지인들이 예수님을 믿고 변화받아 성장하는 생생한 이야기를 많이 나눌 수 있길 바랍니다.

삶으로 전하는 복음

지금까지 말로 전하는 복음에 대해 설명했습니다. 믿음은 들음에서 나고 들음은 그리스도의 말씀으로 말미암기에 복음의 내용은 말로 전해 주어야 합니다(롬 10:17). 그런데 전도하는 또 다른 방법이 있습니다. 바로 삶과 인격으로 복음을 보여 주며 전하는 것입니다. 불신자들은 성경을 읽지 않습니다. 예수님에 대해서도 모르거나 잘못 알고 있습니다. 대부분의 경우 선교사와 그리스도인의 삶을 보고 기독교가 무엇인지, 예수님을 믿을지 말지 결정하게 됩니다. 그래서 나도 교회 개척할 때 바르게 살며 복음을 전하려고 노력했습니다.

선교사는 반듯한 삶을 살며, 삶으로 사역해야 합니다. 밝고 희망찬 앞모습과 엎드려 기도하는 뒷모습으로 현지인들에게 감동을 줄 수 있길 바랍니다. 낮고 드러나지 않는 곳에서 섬기고, 재정 문제에 투명하고 정확하면 현지인들이 좋아하고 존경할 것입니다. 내가 "우리는 아무에게도 불의를 행하지 않고 아무에게도 해롭게 하지 않고 아무에게도 속여 빼앗은 일이 없노라"(고후 7:2)고 말할 수 있었던 것은 최선을 다하여 반듯하게 살려고 노력했기 때문입니다.

> 너희도 알거니와 우리가 아무 때에도 아첨하는 말이나 탐심의 탈을 쓰지 아니한 것을 하나님이 증언하시느니라(살전 2:5).

너희 아무에게도 폐를 끼치지 아니하려고 밤낮으로 일하면서 너희에게 하나님의 복음을 전하였노라 우리가 너희 믿는 자들을 향하여 어떻게 거룩하고 옳고 흠 없이 행하였는지에 대하여 너희가 증인이요 하나님도 그러하시도다(살전 2:9-10).

고린도와 에베소에서도 두 손으로 자비량하면서 모든 겸손과 눈물과 인내로 사역했습니다. 사도로서 당연히 경제적 지원을 받을 수 있었지만 그 권리를 쓰지 않았습니다(행 20:18-19, 33-35; 고전 9:1-15). 선교사는 당연히 누릴 수 있는 권리라 할지라도 절제하는 것이 좋습니다. 이렇게 희생하는 삶을 살 때 복음의 문이 열릴 것입니다.

삶으로 말하는 사람들에게는 묵직한 힘이 있습니다. 말로 복음을 전해야 하지만 더욱 중요하고 효과적인 것은 자신이 전하는 복음을 삶으로 보여 주는 것입니다. 우리의 메시지가 삶으로 증명될 때 듣는 사람은 우리가 전하는 메시지에 더 마음을 열기 때문입니다. 항상 삶으로 예수의 모습을 보여 주어야 하는 것은 그래야 전도받아 예수 믿은 사람들도 믿은 바를 더욱 확신하게 되고,

복음에 합당한 삶을 살아갈 것이기 때문입니다.

선교의 목표는 예수 복음을 전하여 예수님의 인격과 성품을 닮은 작은 예수를 길러 내는 것입니다. 예수님을 믿은 사람은 예수님의 가르침과 인격과 성품을 배워 실천하는 삶을 살아야 합니다. 선교사이기 전에 예수님의 제자로서 복음에 합당하게 생활하며 하나님 앞에서 거룩하고, 그리스도인들을 사랑하여 연합하며, 이웃에게 선행을 베푸는 선교사가 되어야 합니다. 그리스도를 본받아 행하는 것이 예수 제자들의 삶의 핵심이고 기본입니다. 그러니 성품과 영성과 모본이 담긴 삶으로 선교하십시오.

"내가 그리스도를 본받는 자가 된 것같이 너희는 나를 본받는 자가 되라"고 했듯이(고전 11:1), 선교사님도 "내가 그리스도와 바울을 본받는 자가 된 것같이 너희는 나를 본받는 자가 되라"고 말할 수 있길 바랍니다. 전도자의 모본이 되어 많은 성숙한 제자들을 기르길 축복합니다.

즉각적 열매가 없으면 실패한 전도?

　사도행전의 기록을 보고 아덴 사역은 실패였다고 평가하는 사람들이 있습니다. 하지만 나는 그렇게 생각하지 않습니다. 아레오바고에서 설교할 때 수많은 철학자들과 아덴 시민들이 창조주 하나님, 예수님의 죽음과 부활, 장차 올 심판에 대해 말씀을 들었습니다. 아레오바고의 관리 디오누시오와 다마리라는 귀부인과 다른 사람들이 예수님을 믿어 감사했습니다. 많은 사람들이 그날 결신하지 않은 것은 사실입니다. 하지만 그들의 심령에 뿌려진 복음의 씨앗이 나중에 어떻게 열매를 맺을지는 모르는 것입니다.

　뿐만 아니라 나는 날마다 아고라 장터에 나가 전도했고, 안식일에는 회당을 찾아가 예수님이 그리스도라고 선포했습니다. 가끔 베마(Bema) 단상에 올라 예수님을 전하기도 했습니다. 하나님이 예비하신 영혼들은 늘 있었습니다. 다른 도시에서와 같이 성령께서는 아덴에서도 구원받는 자를 날마다 더해 주셨습니다. 하지만 누가는 그 결과를 기록하지 않았습니다. 전도자들이 열매에 연연할 이유가 없기 때문입니다. 얼마나 성실히 분명하고 담대하게 복음을 전하는가를 주님은 아십니다. 영혼을 추수해야 성공적 전도라고 생각하는 오류에서 벗어나야 합니다.

영적 추수에는 씨 뿌리는 단계와 거두는 단계, 씨 뿌리는 자와 거두는 자가 있다고 예수님이 말씀하셨습니다(요 4:36-37). 열심히 씨를 뿌리고 물 주는 일이 선행되지 않고는 추수가 있을 수 없습니다. 딱딱한 땅을 곡괭이로 파고 큰 돌, 작은 돌, 잡목과 잡초를 추려 내는 것도 추수의 일환입니다. 내가 씨를 뿌리고 심었지만 거두지 못한 일에는 아볼로가 이어서 물을 주었습니다. 터만 닦고 다른 곳으로 옮겨야 했을 때도 있었습니다(고전 3:10-15). 결국 자라게 하시고 거두시는 분은 하나님이셨습니다(고전 3:5-8). 하나님이 약속하셨습니다. "내 입에서 나가는 말도 이와 같이 헛되이 내게로 되돌아오지 아니하고 나의 기뻐하는 뜻을 이루며 내가 보낸 일에 형통함이니라"(사 55:11). 선교사는 이 약속을 믿어야 합니다.

예수님의 말씀도 명심하십시오. "내가 너희로 노력하지 아니한 것을 거두러 보내었노니 다른 사람들은 노력하였고 너희는 그들이 노력한 것에 참여하였느니라"(요 4:38). 거두지 못했지만 딱딱한 땅을 파서 고르고 씨 뿌리느라 수고한 다른 사람의 노고를 더 알아주고 칭찬해 주시는 것이 확실합니다. 거둔 자는 남이 이렇게 눈물로 수고하고 심신이 쇠하도록 노력한 일에 참여한 것뿐이라고 하십니다. 때를 얻든지 못 얻든지 복음의 씨를 뿌립시다. 오늘 거두지 못했으면 씨를 뿌리거나 물을 준 것입니다. 열심히 씨를 뿌리다 보면 다른 사람이 오래 전에 뿌려 놓았던 씨앗의 열매나 다른 사람이 물 주었던 나무의 열매를 따게 되기도 합니다. 전도에는 실패가 없습니다! 열매에 집착하지 말고 불신자들을 만나 예수님과 그분의 십자가와 부활 이야기를 자주 나누십시오.

영어로 '선교'를 의미하는 미션(mission)에는 '사명', '임무'의 뜻도 담겨 있습니다. 선교사의 미션은 복음을 전하고 신앙생활을 가르쳐 지키게 하는 것입니다.

전도자의 고난

그리스도의 복음의 진보를 위해 애쓰는 동안 우리 선교팀이 받은 고난과 비난과 핍박은 아주 심했습니다. 누가가 불신 유대인들과 이방인들로부터 우리가 받은 여러 어려움을 곳곳에 간결하게 잘 기록했습니다. 그러나 내가 온갖 위험에 노출되고 태장을 맞고 사십에 하나를 감한 매를 다섯 번이나 맞고 파선하고 춥고 굶주리고 헐벗은 이야기는 기록하지 않았습니다(고후 11:23-27). 주님이 고난 받으셨기에 주님을 따르는 제자들, 특히 복음을 전하는 선교사들이 고난에 제일 먼저 노출되는 것은 당연합니다(딤후 3:12). 성도는 물론 선교사도 하나님의 나라에 들어가려면 많은 환난을 겪어야 할 것입니다(행 14:22).

그래서 나는 이런 고난을 긍정적으로 받아들였습니다. "이는 우리로 자기를 의지하지 말고 오직 죽은 자를 다시 살리시는 하나님만 의지하게 하심이라 그가 이같이 큰 사망에서 우리를 건지셨고 또 건지실 것이며 이후에도 건지시기를 그에게 바라노라"(고후 1:9-10, 6:6-8).

어떤 고난도 우리를 좌절하게 할 수 없었습니다. 오히려 우리의 신앙을 더욱 정금같이 연단해 주었습니다. 복음에 대한 감격과 주님을 향한 충성과 자신에 대한 각오를 더욱 새롭게 해 주었습니다.

하늘에 편하게 계시지 않고 세상으로 내려오셔서 온갖 고생을 하시고 십자가에서 엄청난 고난과 수치를 당하신 주님을 생각하며 고생과 핍박을 견뎠습니다. 선교사님도 견실하며 흔들리지 말고 항상 주님의 일에 더욱 힘쓰십시오. 크고 작은 수고가 결코 헛되지 않을 것입니다(고전 15:58).

나는 고생한 이야기를 자세히 알리지는 않았지만 목록은 몇 번 나열했습니다.

내가 수고를 넘치도록 하고 옥에 갇히기도 더 많이 하고 매도 수없이 맞고 여러 번 죽을 뻔하였으니 유대인들에게 사십에서 하나 감한 매를 다섯 번 맞았으며 세 번 태장으로 맞고 한 번 돌로 맞고 세 번 파선하고 일주야를 깊은 바다에서 지냈으며 여러 번 여행하면서 강의 위험과 강도의 위험과 동족의 위험과 이방인의 위험과 시내의 위험과 광

야의 위험과 바다의 위험과 거짓 형제 중의 위험을 당하고 또 수고하며 애쓰고 여러 번 자지 못하고 주리며 목마르고 여러 번 굶고 춥고 헐벗었노라(고후 11:23-27; 비슷하게 고전 4:11, 15:32; 고후 1:8-9).

우리가 사방으로 욱여쌈을 당하여도 싸이지 아니하며 답답한 일을 당하여도 낙심하지 아니하며 박해를 받아도 버린 바 되지 아니하며 거꾸러뜨림을 당하여도 망하지 아니하고 우리가 항상 예수의 죽음을 몸에 짊어짐은 예수의 생명이 또한 우리 몸에 나타나게 하려 함이라(고후 4:8-10).

박해를 받아 힘은 들었지만 결국 하나님이 건져 주셔서 살아남았습니다(딤후 3:11). 우리가 잠시 받은 환난을 통해 지극히 크고 영원한 영광의 중한 것이 우리에게 이루어지는 것을 경험했습니다(고후 1:6, 9, 4:17). 라벤더 꽃은 원래 향이 좋지만 짓이겨지면 더 짙은 향을 냅니다. 우리도 복음을 전하다가 고난을 받으면 더 짙은 그리스도의 향기를 낼 것입니다. 고난은 특별한 축복입니다. 장차 우리에게 나타날 영광과 비교할 수 없습니다(롬 8:18).

이 모든 경험들을 통하여 나는 선교사와 전도자를 이렇게 정의했습니다.

> 우리는 속이는 자 같으나 참되고
> 무명한 자 같으나 유명한 자요
> 죽은 자 같으나 보라 우리가 살아 있고
> 징계를 받는 자 같으나 죽임을 당하지 아니하고
> 근심하는 자 같으나 항상 기뻐하고
> 가난한 자 같으나 많은 사람을 부요하게 하고
> 아무것도 없는 자 같으나 모든 것을 가진 자로다
> (고후 6:8-10).

이 말씀은 모든 그리스도인에게 해당되지만 특히 선교사와 전도자에 적용되는 묘사입니다. 선교사님도 이런 라이프스타일에 삶을 건 사람입니다. 세상 사람들의 기준으로 판단받지 않고 하나님의 관점에서 평가받는 사람입니다. 전도 중심적 선교로 이 원리가 선교사님의 삶 속에서 충만하게 빛나길 축복하며 기도합니다.

3

핵심 메시지를
분명히
      전하십시오

고대 버가의 유적지

1차 선교여행을 마무리하고 돌아오는 길에 바울과 바나바가 대도시 버가에서 전도를 했습니다. 누가는 "말씀을 버가에서 전하고"라고 아주 짧게 기록했습니다. 하지만 복음의 '말씀'을 전했다는 핵심이 들어 있습니다. 누군가 당신의 사역을 묘사할 때에도 '복음의 말씀을 전한 선교사'로 요약해 준다면 감사하지 않겠습니까?

| 고전 15:3-4 |

내가 받은 것을 먼저 너희에게 전하였노니 이는 성경대로 그리스도께서 우리 죄를 위하여 죽으시고 장사 지낸 바 되셨다가 성경대로 사흘 만에 다시 살아나사

선교가 시작되는 것은 전할 메시지, 전해야 하는 메시지가 있기 때문입니다. 예수님이 하늘 보좌를 버리고 세상에 오셔서 십자가와 부활로 복음의 메시지를 완성하셨습니다. 기독 선교의 본질은 예수님의 복음을 전하는 것입니다. 이 메시지를 전달하는 사람은 그 내용을 철저히 숙지하고 있어야 합니다. 복음을 전하도록 부름을 받고 순종하여 선교사가 된 사람은 전할 메

시지를 더욱 분명하게 숙지하고 그 내용에 대해 확신이 넘쳐야 합니다.

그 복음을 전하여 예수님을 믿은 사람들을 공동체로 모아 교회를 형성하고 예배와 선교와 교육을 통해 예수의 제자로 길러 내는 것이 선교의 핵심입니다. 이 사역을 수행하는 선교사는 자진하여 메신저가 된 것이 아니라 하나님의 부름을 받은 사람입니다. 자연히 그 책무의 무게가 무거울 수밖에 없습니다.

앞서 목회자와 성도에게 보내는 편지에서는 복음의 내용을 구체적으로 적었습니다. 선교사님은 복음을 전하는 것을 기본 임무로 사역하고 있으니 그 내용을 잘 알고 있으리라 믿습니다. 나는 우리가 전한 복음 외에 다른 복음을 전하면 저주를 받을 것이라고 반복하여 선언했습니다(갈 1:8-9). 선교사는 분명한 복음을 전해야 합니다. 내가 예수님의 계시로 받아 전한 복음을 전해야 합니다. 하여, 여기 바울서신과 사도행전에 내가 전한 것으로 기록된 복음을 요약해 드립니다. 선교사님도 이 핵심을 전하기 바랍니다.

바울서신을 보면 내가 전한 복음의 내용이 구체적

으로 무엇인지 얼른 파악하기 쉽지 않다고 느낄지 모르겠습니다. 대면하여 전한 복음을 직접 듣고 예수님을 믿은 사람들에게 편지를 썼기 때문에 이미 그들이 듣고 믿은 복음의 내용을 반복할 필요가 없었습니다. 하지만 이 편지들을 주의 깊게 보면 두 가지를 알게 될 것입니다. 첫째, 교회 개척 당시 전했던 메시지의 핵심을 상기시켜 주는 형식(reminder formula)으로 곳곳에 적혀 있다는 것입니다. 둘째, 내가 대면하여 복음을 전하지 않은 로마교회와 골로새교회에 보내는 편지에는 복음의 내용이 비교적 더 상세히 기록되어 있다는 것입니다. 물론 후자의 경우에도 수신자들이 이미 예수님을 믿는 성도들이기에 불신자에게 전도하듯 자세히 기록하지는 않았습니다.

우선해서 전한 복음의 내용

고린도교회에 보내는 편지에는 개척할 때 전한 메시지의 핵심을 요약하여 상기시켜 주었습니다. "형제들아 내가 너희에게 나아가 하나님의 증거를 전할 때에 말과 지혜의 아름다운 것으로 아니하였나니 내가 너희 중에서 예수 그리스도와 그가 십자가에 못 박히신 것 외에는 아무것도 알지 아니하기로 작정하였음이라"(고전 2:1-2). 내가 전한 것은 하나님의 복음이었으며 이는 예수님이 그리스도이심을 입증하고 그분이 우리를 대신하여 십자가에 못 박히시고 부활하신 내용을 전하는 데 집중했습니다. 이 내용을 고린도전서 뒷부분에서 다시 한번 상기시켰습니다.

> 형제들아 내가 너희에게 전한 복음을 너희에게 알게 하노니 이는 너희가 받은 것이요 또 그 가운데 선 것이라 … 내가 받은 것을 먼저 너희에게 전하였노니 이는 성경대로 그리스도께서 우리 죄를 위하여 죽으시고 장사 지낸 바 되셨다가 성경대로 사흘 만에 다시 살아나사(고전 15:1-4).

여기서 "알게 한다"(gnōrizō)는 것은 기억나게 한다는 뜻이요, "먼저"(prōtois)는 시간적으로 초기에, 혹은 순서상 먼저 전했다는 뜻이 아니라 내용적으로 가장 중요한 메시지(as of first importance: NIV)로 전했다는 뜻입니다. 예수님이 그리스도이심을 입증하고 그분이 구약의 예언된 메시아로 오셔서 우리 죄를 대신하여 십자가에 못 박혀 죽으시고 성경 말씀대로 사흘 만에 부활하셔서 승천하셨고 다시 오실 것이라는 복음을 최우선적 메시지로 전했다고 상기시켰습니다. 예수님의 부활을 증언하는 것이 신자들의 믿음에 가장 본질적인 부분이었기 때문입니다. "그리스도께서 만일 다시 살아나지 못하셨으면 우리가 전파하는 것도 헛것이요, 또 너희 믿음도 헛것"이라 했습니다(고전 15:14, 17; 롬 4:25).

그래서 가는 곳마다 "우리가 하나님이 그리스도를 다시 살리셨다고 증언하였"습니다(고전 15:15, 20). 비시디아 안디옥의 회당에서 전도할 때에도 구약 말씀을 네 번이나 인용하며 예수님이 부활하셨음을 가장 힘주어 강조했습니다(행 13:30-37). 나는 부활을 정확하고 분명하게 전해야 복음을 제대로 전한 것으로 생각했습니다(고전 15:12-15). 선교사님도 예수님의 십자가는 물론 예수님의 부활을 각별히 힘주어 전하기 바랍니다.

갈라디아교회를 개척할 때에도 같은 내용을 핵심적으로 전했음을 알 수 있습니다. 서신에서는 갈라디아 교인들에게 "복음"(갈 2:2, 4:13) 또는 예수 그리스도의 복음(갈 1:7, 11)을 전했다고 진술했습니다. 설명 없이 단어만 언급한 것은 갈라디아에 있을 때 전한 복음의 내용을 성도들이 이미 알고 있다고 전제했기 때문입니다. 나는 예수님이 그리스도이시며 하나님의 아들이심을 전하고 입증했습니다(갈 1:8, 15-16). 이 내용은 내 선교 메시지의 핵심 중 하나였습니다.

　　이어서 예수님이 십자가에서 죽으시고 부활하신 내용도 전했습니다. "어리석도다. 갈라디아 사람들아 예수 그리스도께서 십자가에 못 박히신 것이 너희 눈앞에 밝히 보이거늘 누가 너희를 꾀더냐?"(갈 3:1). 갈라디아 사람들에게 복음을 선포할 때 하나님의 아들이며 그리스도이신 예수님이 그들을 위해 십자가에서 대신 죽으셨다고 밝히 설명해 주었음을 상기시킨 것입니다. 고린도전서와 같이 여기에서도 십자가만 언급했지만 십자가와 부활, 승천과 재림은 뗄 수 없이 연결된 하나의 메시지였습니다. 데살로니가교회에 편지할 때에는 예수님의 부활과 재림을 더욱 상기시켰는데(살전 1:10, 2:15, 4:14), 이것 또한 십자가와 승천도 함축한 내용이었습니다.

예수님이 십자가에서 죄인을 위하여 당신의 몸을 향기로운 희생제물로 하나님께 드려 우리 죄를 대신 담당하셨습니다(갈 1:4; 엡 5:2; 딛 2:14). 우리를 위한 유월절 어린양으로 희생하심으로(고전 5:7; 요 1:29; 벧전 1:19; 사 53:7) 우리 죄를 담당하셨습니다(롬 5:6; 고전 15:3; 고후 5:15). 나는 전도할 때마다 이 말씀도 빠뜨리지 않고 선포했습니다. 상황에 따라 어떤 때는 짧게 선포했고, 다른 때는 구약의 말씀을 인용하며 길게 논증하기도 했습니다. 선교사님도 이 복음의 내용을 가장 중요하고 우선적인 메시지로 전하기 바랍니다. 베드로가 고넬료에게 복음을 전하자 성령님이 복음을 듣는 모든 사람에게 내려오셨습니다(행 10:44). 복음 자체가 믿는 모든 사람에게 구원을 주시는 하나님의 능력이 됩니다(롬 1:16).

데살로니가전서에 적힌 상기 형식을 보아도 개척 당시 내가 무엇을 우선적으로 전했는지 발견할 수 있습니다. 나는 예수님을 하늘에서 내려온 하나님의 아들로, 부활하신 주님으로, 다가올 심판에서 구원하실 분으로 선포하였습니다(살전 1:10). 데살로니가 교인들이 그 메시지를 듣고 "우상을 버리고 하나님께로 돌아와서 살아

계시고 참되신 하나님을" 섬기게 되었습니다(살전 1:9). 갈라디아 지역에서와 마찬가지로 데살로니가에서도 우상 숭배를 경고하는 말씀을 선포했음을 알 수 있습니다(갈 5:20-21).

뿐만 아니라 예수님의 죽음과 부활을 전했습니다. 내가 재림에 대해 가르쳤던 내용은 교회 개척 당시 그리스도의 죽음과 부활을 전했음을 전제합니다(참조 살전 2:15, 4:14). 그 외에도 예수님이 성도들이 주님과 함께 살게 하시려고 우리를 위해 죽으셨다는 말씀과(살전 5:10), 데살로니가 교인들이 "죽은 자들 가운데서 다시 살리신 그의 아들이 하늘로부터 강림하실 것을" 기다리고 있었다는 진술은 내가 그들에게 하나님의 아들의 죽음과 부활을 선포했음을 시사하는 것입니다(살전 1:10).

상기 형식을 통해 내가 교회 개척 당시 전한 복음 메시지를 재구성해 보면, 예수님이 누구이신가(예수님의 신성), 우리를 위해 무엇을 하셨는가(십자가, 부활, 재림)가 중심임을 알 수 있습니다. 그리고는 하나님께 회개하고 예수님이 주님이시요 그리스도이심을 마음으로 믿으라고 강권했습니다(행 20:21).

재림

뿐만 아니라 부활과 승천에 이어 재림에 대한 메시지도 전했습니다. 고린도교회 개척 당시 "주께서 오시기까지" 기다리라고 권면했고, 그래서 성도들은 주 예수 그리스도의 나타나심을 기다리고 있었습니다. 개척 당시에 이미 재림에 대해 가르쳤기 때문입니다(고전 1:7-8, 4:5, 5:5; 고후 1:14). 성찬을 나누면서도 주님의 죽으심을 그가 오실 때까지 전하라고 권면했고, "주 예수여 오시옵소서", "주 예수의 날"에 대해 설명 없이 쓰는 것을 보아도 내가 이들에게 이미 재림을 전했다는 사실을 알 수 있을 것입니다(고전 11:26, 16:22). 예수님도 공생애 중에 당신이 재림하실 것을 이미 말씀하셨습니다(마 16:27; 눅 17:30; 요 14:3). 데살로니가에서도 이미 이 부분을 자세히 가르쳤기 때문에 편지에서는 "주의 날이 밤에 도둑같이 이를 줄을 너희 자신이 자세히 알기 때문이라"고만 적었습니다(살전 1:10, 5:1-2; 참조 4:16, 5:23).

하지만 죽은 성도의 부활에 대해서는 설명하지 않았습니다. 그랬기에 고린도 성도들 가운데서 어떤 이들은 죽은 자의 부활이 없다고 주장했고, 데살로니가교회에서는 성도들이 죽어 갈 때 소망 없는 자들같이 슬퍼하기도 했습니다(고전 15:12; 살전 4:13). 이 내용에 대해서는 편지로 길게 설명하여 죽은 성도들도 당연히 부활한다고 확언해 주었습니다(고전 15:12-58; 살전 4:13-18).

경건한 삶

나는 개척 당시 예수님이 하나님의 아들 그리스도이신 것과 대속의 죽음과 부활, 재림뿐만 아니라 예수님을 믿은 초신자들의 삶의 영역에 대해서도 가르쳤습니다. 서신에 나타난 상기 형식에서 그 증거를 찾을 수 있습니다. "내가 [질서 있는 신앙생활에 대해] 이미 말하였거니와"라고 분명히 상기시키고, 이미 보낸 첫 번째 편지에서 음행을 멀리하라고 적었으며, 또 고린도에 보낸 두 번째 편지인 그린도전서에서 몇 가지 항목을 추가하면서 음행을 멀리하라고 다시 권면했습니다(고전 5:9, 11, 6:19-20). 특히 구약 시대 이스라엘 백성의 사례를 설명하면서 우상 숭배하지 말라, 음행하지 말라, 하나님을 시험하지 말라, 하나님을 원망하지 말라고 강조했습니다(고전 10:7-10). 선교사님도 구약과 신약의 성도들의 경우를 예로 들며 선교지의 회심자들에게 복음에 합당한 삶, 거룩한 삶을 살도록 가르치십시오(고후 7:1).

개척 당시 갈라디아 교인들에게 갈라디아서 5장 19-21절에 열거된 악한 본성에 속한 열다섯 가지 행위를 저지르는 자들은 하나님 나라를 상속받지 못할 것이라고 경고했는데, 편지에서 "전에 너희에게 경계한 것같이 [다시] 경계"하였습니다. 고린도전서 6장 9-10절에서 갈라디아서 5장 19-21절의 내용과 비슷한 항목들을 열거하면서 "하나님의 나라를 유업으로 받지 못할" 것이라는 똑같은 표현을 두 번이나 사용했습니다. 초신자들에게 여기서 나열한 악한 행위를 명백히 거부하고 경건한 삶을 살아야 한다고 구체적으로 또 단호하게 가르쳤습니다.

데살로니가에서도 마찬가지였습니다. "너희가 마땅히 어떻게 행하며 하나님을 기쁘시게 할 수 있는지를 우리에게 배웠으니 … 우리가 … 너희에게 무슨 명령으로 준 것을 너희가 아느니라"(살전 4:1-2)는 말로 성도들을 독려했습니다. 형제를 사랑하고 음행을 피해야 한다고 강력히 가르쳤습니다(살전 4:6, 9-11). 내 삶을 본보기로 제시하며 그리스도인의 생활 규범에 대해 가르쳤고 "누구든지 일하기 싫어하거든 먹지도 말게 하라"는 규범도 강조했습니다(살후 3:6, 10).

로마서와 골로새서에 기록한 복음

로마교회와 골로새교회에 보낸 편지에서는 예수님이 누구신지 또 그분이 우리를 위하여 무엇을 하셨는지 좀 더 자세히 적었습니다. 이미 그들이 믿고 알고 있는 내용이지만 내가 대면하여 직접 전도하지 못했던 성도들인 만큼 복음을 확실히 짚고 넘어갈 필요를 느꼈습니다. 로마서를 시작하면서 예수님은 영원한 왕위에 오르신 메시아로, 영원한 왕위를 약속받으신 다윗의 자손이며(삼하 7:16), 십자가와 부활을 통해 하나님의 아들로 확증된 분이라고 선포했습니다(롬 1:3-4). 로마서 곳곳에 예수님의 죽음과 부활을 자주 언급했습니다(롬 4:24-25,

8:31-34, 10:9, 14:9).

골로새서에서도 마찬가지였습니다.

> 그[예수]는 보이지 아니하는 하나님의 형상이시요 모든 피조물보다 먼저 나신 이시니 만물이 그에게서 창조되되 하늘과 땅에서 보이는 것들과 보이지 않는 것들과 혹은 왕권들이나 주권들이나 통치자들이나 권세들이나 만물이 다 그로 말미암고 그를 위하여 창조되었고 또한 그가 만물보다 먼저 계시고 만물이 그 안에 함께 섰느니라 그는 몸인 교회의 머리시라 그가 근본이시요 죽은 자들 가운데서 먼저 나신 이시니 이는 친히 만물의 으뜸이 되려 하심이요(골 1:15-18).

예수님이 하나님의 진정한 모습이요, 만물보다 먼저 계신 창조주라고 적어 보냈습니다. 뿐만 아니라 하나님께서 신성의 모든 충만으로 예수님 안에 육체로 거하셨는데, 그럼에도 불구하고 그분이 십자가에서 죽임을 당하시고 그 피로 우리 죄인들의 죗값을 치르시고 우리를 하나님과 화평을 이루게 하셨다고 강조했습니다

(골 1:19-20; 2:9).

예수님은, 보이지 않는 하나님의 살아 움직이는 사진과 같습니다. 그래서 예수님은 하나님을 보여 주면 좋겠다는 빌립에게 "나를 본 자는 아버지를 보았"다고 하셨습니다(요 14:9). 그분은 만물보다 먼저 계시고 만물을 만드신 창조주이십니다(골 1:15-17). "그[예수]는 만물 위에 계셔서 세세에 찬양을 받으실 하나님"이십니다(롬 9:5). 본래부터 하나님의 본체로서, 육신이 되어 이 땅에 오신 분입니다. 종의 형체를 가지고 태어나셔서 십자가에 죽기까지 복종하셨습니다. 그랬더니 하나님이 그를 지극히 높여 모든 사람과 만물이 그 앞에 무릎을 꿇게 하시고 예수님을 주(主, Kyrios)라 고백하며 경배하게 하셨습니다(빌 2:6-11; 요 1:1-3, 14).

주 예수 그리스도

구약성경을 헬라어로 번역한 칠십인경(The Septuagint, LXX)은 만군의 여호와 하나님을 지칭하는 히브리어 '야

훼'(יהוה, Yahweh)를 '퀴리오스'(Kyrios)라는 헬라어 단어로 옮겼습니다. 영어로는 모두 "the LORD"(주, 主)로 표기합니다. 신약성경에서는 이 헬라어 단어를 예수님에게 바로 적용하였습니다. 예수님이 그리스도시요 만군의 여호와 하나님(ho Kyrios Iēsus Christos, the LORD Jesus Christ) 이라고 확언한 것입니다.

예수님을 이렇게 이해하고 믿는 것이 구원과 직결됩니다. 그래서 고린도에서 예수님이 그리스도이시요, 하나님의 아들이시며, 신성을 가지신 주님(Kyrios, 만군의 여호와)이심을 전파했습니다(고후 1:19, 4:5). 로마교회에도 "네가 만일 네 입으로 예수를 주(Kyrios)로 시인하며 또 하나님께서 그를 죽은 자 가운데서 살리신 것을 네 마음에 믿으면 구원을 받으리라"고 선언했습니다(롬 10:9). 나는 전도할 때 이런 내용을 설명하고 강조하면서 회개와 믿음을 촉구했습니다.

사도 요한도 예수님께서 하나님이심을 강조하여 기록했습니다. 요한복음 초두부터 예수님이 하나님이라고 정확하게 선언했습니다.

태초에 말씀이 계시니라 이 말씀이 하나님과 함께 계셨으니 이 말씀은 곧 하나님이시니라 그가 태초에 하나님과 함께 계셨고 만물이 그로 말미암아 지은 바 되었으니 지은 것이 하나도 그가 없이는 된 것이 없느니라(요 1:1-3).

하나님이신 이 말씀이 육신이 되어 사람으로 우리 가운데 오셨습니다(요 1:1, 14). 예수님은 아브라함이 있기 전에 이미 계셨다, 하나님과 예수님은 한 분이시며 예수님을 본 사람은 하나님을 보았다고 말씀하셨습니다(요 8:58, 14:7-10, 17:5). "내가 하나님이다" 이렇게 꼭 집어 말씀하시지는 않았지만(그러다 십자가 나무에 달려 그 피로 인류의 죗값의 저주를 한 몸에 받기 전에 돌에 맞아 죽으면 안 되니까), 당신이 하나님이심을 충분히 나타내셨습니다.

이것이 내가 전한 메시지의 핵심입니다. 사도들도 같은 복음을 전했습니다(고전 15:11). 나는 두렵고 떨리는 마음으로 이 복음을 전했습니다(고전 2:3). 핍박이 두려웠던 것이 아니라 이 엄청난 복음을 잘 전해야 한다는 막중한 책임감 때문이었습니다. 나의 경험과 지혜와 전략으로 전하지 않고 항상 성령의 나타나심으로 믿는 사람들의 심령에 영원한 영적인 변화가 일어나길 간절히 사모하는 마음으로 복음을 전했습니다. 감사하게도 이 복음을 전할 때에 하나님께서 듣는 사람들의 마음을 열어 믿게 해 주셨습니다(행 16:14). 복음은 모든 믿는 자에게 구원을 주시는 하나님의 능력이 됨을 누누이 경험하였습니다.

'예수'라는 이름이 바로 '자기 백성을 죄에서 구원할 자'라는 뜻입니다. 예수님은 당신이 잃어버린 자를 찾아 구원하러 왔다고 초림의 목적을 직접 밝히셨습니다. 이분을 믿는 자마다 아무도 멸망하지 않고 영생을 얻게 됩니다(마 1:21; 눅 19:10; 요 3:14-17). 그러나 전하는 자가 없으면 복음을 들을 수 없고 듣지 못하면 믿지 못하고 믿지 못하면 구원받을 수 없기에 우리는 복음을 전해야 합니다(롬 10:14-15). 모든 성도가 다 전도하는 삶을 살아야 하지만 특히 선교사는 복음 전파의 사명으로 부름을 받고 자원한 사람이기에 더욱 힘써야 마땅합니다.

사도행전에 기록된 복음

사도행전은 나와 동행하며 복음을 전했던 누가가 기록했습니다. 우리의 선교여행 경로와 행적뿐만 아니라 내가 대면하여 전한 복음을 현장감 있게 기록해 주어 얼마나 감사한지 모릅니다. 특히 유대인에게 전하는 메시지와 이방인에게 전하는 메시지의 내용은 물론 도입 부분까지 비교적 자세히 기록했습니다. 그 외에도 사도행전 곳곳에 내가 간절하게 전한 복음의 핵심 내용을 기자의 입장에서 기술했습니다. 이렇게 기록된 내용이 후대의 복음 전도자들이 전할 선교 메시지의 모본이 되었습니다(행 13:16-41, 14:14-18, 17:22-31).

다메섹으로 가는 길에 예수님을 만나고 회심한 후 나는 다메섹의 각 회당에서 즉시 예수님이 하나님의 아들이시며 유대인들이 기다리던 메시아라고 증언했습니다(행 9:20, 22). 선교여행 중에 가는 곳마다 먼저 회당을 찾아가 복음을 선포했습니다. 도입 부분에 이스라엘의 역사를 훑어 가면서 다윗의 자손으로 오신다고 예언된 메시아가 바로 예수님이라고 소개했습니다.

왜 그리스도가 고난을 받아야 했는지, 어떻게 부활하셨는지 구약의 말씀을 많이 인용하며 설명했습니다. "성경을 가지고 강론하며 뜻을 풀어 그리스도가 해를 받고 죽은 자 가운데서 다시 살아나야 할 것을 증언하고 이르되 내가 너희에게 전하는 이 예수가 곧 그리스도라"고 선포했습니다(행 17:2-3, 18:5, 28). 이 예수님을 믿는 자마다 율법의 행위로 얻지 못하던 의롭다 함을 받는다고 선포했습니다(행 13:38-39).

이방인들에게 전도할 때에는 먼저 자연 속에 나타난 하나님의 손길을 설명하며 유일하신 창조주 하나님의 능력과 성품을 설명했습니다(행 14:15-17, 17:24-32). 그 하나님이 인간을 사랑하셔서 예수님을 구주로 보내 주셨다, 그 예수님이 누구신가, 그분이 십자가와 부활로 우리를 위해 어떤 일을 하셨는가(행 26:23), 따라서 회개하고 예수님을 믿고 구원을 받아야 한다고 강조했습니다. 하나님은 모든 사람이 구원을 받으며 진리를 아는 데 이르기를 원하셔서 유대인뿐만 아니라 이방인을 위해서도 예수님을 보내 주셨다고 선포했습니다.

유대인들과 달리 유일신 창조주 하나님에 대한 사

전 지식도 거의 없고 하나님의 구원의 약속 밖에 있었던 이방인들에게도 복음을 듣고 예수님을 믿기만 하면 구원의 은총이 임한다는 기쁜 소식을 전했습니다. 유대인이든 이방인이든 이 메시지를 듣고 믿을 때 구원이 임하는 것을 수없이 목도했습니다.

이 사도행전의 본문들을 다시 읽으며 선교사님이 전할 메시지를 현지 상황에 맞게 정리하여 숙지하고 전하십시오. 전도 현장에서 어떻게 일반적 대화를 시작하고 영적인 대화로 옮겨 복음을 전하고 결신을 촉구할지 생각해 두십시오. 만날 영혼을 위해 기도하고 만나면 입을 열어 전도를 시도해 보십시오. 성령님이 함께하심을 경험하게 될 것입니다.

복음이 구원의 능력

전도는 1차적으로 말로 하는 것이므로 어떻게 대화를 시작하여 영적인 대화로 전환시켜 복음을 전하고 결신을 촉구하여 구원으로 인도하는가가 중요합니다. 성경은 대화를 시작하는 세 가지 방법을 소개합니다. 예수님은 사마리아 여인에게 "물 좀 주십시오" 하는 부탁으로 대화를 시작하신 후 점점 영적 대화로 전환하셔서 마침내 여인의 죄 문제를 다루시고 당신이 그리스도인 것을 알고 믿게 하셨습니다(요 4:1-26).

빌립은 에디오피아 내시에게 "읽는 것을 깨닫습니까?" 하며 질문으로 대화의 물꼬를 텄습니다. 내시가 읽던 이사야서 말씀을 시작으로 거기서부터 예수님을 전하여 결국 세례까지 베풀었습니다(행 8:26-39). 내가 아덴에 갔을 때에는 "아덴 사람들이여, 여러분은 참으로 종교심이 많군요" 하는 칭찬으로 말문을 열었습니다(행 17:22-23).

성령님의 인도를 따라 대화를 시작하고 복음을 전했을 때 마음으로 믿어 의에 이르고 입으로 시인하여 구원을 받는 사람들이 늘 있었습니다. 첫 선교지 구브로에서 기적을 본 서기오 바울 총독의 마음이 열렸을 때 이 복음을 전했고 놀랍게도 그는 예수님을 믿었습니다. 비시디아 안디옥에서도 이 내용을 회당에서 전했을 때 훼방하는 사람도 있었지만 많은 사람이 우리를 따랐고 영생을 주시기로 작정된 자는 다 믿었으며, 이들을 통해 주의 말씀이 그 지방에 두루 퍼졌습니다(행 13:12, 43, 48-49). 이고니온과 루스드라에서도 많은 사람이 믿었고 그중에는 디모데도 있었습니다. 더베에서도 복음을 전하여 많은 사람을 제자로 삼았습니다.

고린도에서는 유대인들의 반대가 심했지만 회당장 그리스보가 회심하는 쾌거가 있었습니다. 후임 회당장 소스데네까지 예수 복음을 믿자 고린도의 유대인 사회는 격분했습니다. 그 외에도 수많은 고린도 사람도 복음을 듣고 믿어 세례를 받았습니다. 주님이 환상 중에 나타나셔서 "두려워하지 말며 침묵하지 말고 [복음을] 말하라 … 이는 이 성중에 내 백성이 많음이라" 하신 대로 구원받는 사람을 날마다 더하셨습니다(행 18:8-10, 17). 그에 비례하여 심한 핍박이 쏟아졌지만 복음을 전하다 거절당하고 고난 받는 것을 당연한 것으로 생각했고 오히려 감사한 일이었습니다.

선교사님은 '복음'이라는 최고의 상품을 파는 세일즈맨입니다. 일반 세일즈맨과 달리 공짜로 팝니다. 가장 귀한 영생의 복음을 공짜로 주기 때문에 오히려 사람들이 믿지 못하고 받지 못하는 경우가 많습니다. 성공적 세일즈맨의 비결이 판매하는 상품을 잘 알고 확신하고 친절히 설명하는 데 있는 것같이 선교사님도 이 복음이라는 상품의 내용과 가치에 대해 확신을 가지고 성령님을 의지하여 인격적으로 친절히 전하십시오.

내가 여러 지역에서 교회를 개척할 때 전했던 내용을 서신에서 살펴보았으니 그 내용을 핵심 메시지로 전하십시오. 로마서와 골로새서에서 요약한 복음의 내용과 사도행전에서 내가 전한 내용을 종합적으로 취합하여 선교사 바울이 어떤 메시지를 전했는지, 어떤 메시지를 선포했을 때 불신자들의 마음이 열리고 구원의 은혜가 임하였는지, 새 생명을 얻은 초신자들에게 어떤 삶을 살라고 가르쳐 성장을 도왔는지 연구하고 전하십시오. 누가가 종합한 것에서 알 수 있듯 내가 에베소와 로마에서 전한 복음의 총체적 주제는 하나님의 나라였습니다 (행 19:8, 20:25, 28:31). 선교사님도 하나님의 나라와 뜻을 전하며 하나님의 나라를 확장해 가길 축복합니다.

복음의 진리 수호

갈라디아서와 로마서에서 볼 수 있듯이 내가 복음을 전할 뿐 아니라 복음을 수호하기 위해 애쓴 것을 아실 것입니다. 유대주의자들이 다른 복음을 전하고 성도들을 미혹하며 교회를 훼방했기 때문입니다. 이런 상황에서 예루살렘 공회와 안디옥 사건에서 복음의 진리를 지키기 위해 애를 썼습니다. 갈라디아서와 로마서를 쓰고, 목숨을 걸고 예루살렘으로 돌아와 사도들을 만난 것은 유대주의자들의 만행을 원천 차단하기 위함이었습니다. 그래서 한 가지 더 당부하고자 합니다. 복음을 전할 뿐 아니라 거짓 선생들이 거짓 교리를 가지고 성도들을 어그러진 길로 인도하려 하고 교회 내부에서 동조하는 사람들이 생긴다면 단호히 복음의 진리를 수호하십시오.

그러기 위해서는 제기되는 신학적 주장들을 분별할 줄 알아야 하고, 특히 잘못된 가르침이 있으면 바른 진리를 설명하여 성도들이 흔들리지 않도록 예방하고, 갈라디아교회들같이 이미 미혹된 성도들이 생겼으면 돌이키게 할 수 있길 응원합니다.

복음은 "모든 믿는 자에게 구원을 주시는 하나님의 능력"입니다(롬 1:16). 복음에 구원을 주시는 하나님의 위대한 능력이 내재해 있습니다. 선교사님의 역할은 전도 대상자를 기독교인으로 만드는 데 그치지 않고 구원받은 예수님의 제자로 세우는 것이므로 먼저 복음을 명확히 전해야 합니다. 다른 종교를 비난할 필요가 없습니다(행 19:37). 진짜 지폐를 정확히 알면 위조지폐를 찾아낼 수 있습니다. 진짜 복음을 힘주어 전하십시오. 부지런히 전하십시오. 간절한 마음으로 전하십시오.

예수님만이 길이요 진리요 생명입니다(요 14:6). 예수님 말고 "다른 이로써는 구원을 받을 수 없나니 천하 사람 중에 구원을 받을 만한 다른 이름을 우리에게 주신 일이 없"습니다(행 4:12). 전도하다 보면 왜 기독교는 예수님 외에는 구원이 없다고 하며 다른 종교에 배타적이냐는 항의를 받기도 합니다. 우리가 만약 다른 종교도 괜찮다고 한다면 포용적이고 마음이 넓은 사람같이 보일 것입니다. 그러나 그럴 수 없습니다. 다른 종교의 창시자는 사람이고 그들의 무덤이 있습니다. 그런데 예수님은 신성을 가지신 하나님이시며 부활하신 자로 무덤이 없습니다. 예수님을 다른 종교의 창시자들과 같은 선상에서 비교할 수 없습니다. 우리가 배타적으로 보일지라도 예수 안에만 구원이 있다고 말할 수밖에 없습니다. 복음 자체가 배타적으로 보이는 만큼 전하는 자는 겸손하게 전해야 하겠습니다.

많은 영혼들에게 복음의 씨를 뿌리고 물을 주며 거두어 많은 사람을 옳은 데로 돌아오게 하는 선교사님을 하나님께서 별과 같이 영원토록 빛나게 해 주실 줄 믿으며 축복합니다(단 12:3).

4

목회적 심정으로 양육하십시오

아직 발굴되지 않은 고대 더베 유적지 앞에 세워진 표지판

갈라디아에서 복음을 전했던 도시 중 유일하게 핍박받지 않고 많은 사람을 제자로 삼았던 더베. 사실상 1차 선교여행이 끝내고 수리아 안디옥으로 돌아갈 최단 거리 지점이었습니다. 자신의 안위나 사역 보고보다 초신자들이 핍박을 이기고 강건하게 신앙생활 하기를 바랐던 바울과 바나바는 핍박받던 도시들로 다시 돌아가기로 결정했습니다. 그런 결정을 앞두고 주님의 뜻을 구할 때 그들에게 목회적 열정이 솟아났을 것입니다. 우리도 목회적 심정으로 현지 성도들을 섬기길 원합니다.

| 빌 1:8-11 |

내가 예수 그리스도의 심장으로 너희 무리를 얼마나 사모하는지 하나님이 내 증인이시니라 내가 기도하노라 너희 사랑을 지식과 모든 총명으로 점점 더 풍성하게 하사 너희로 지극히 선한 것을 분별하며 또 진실하여 허물없이 그리스도의 날까지 이르고 예수 그리스도로 말미암아 의의 열매가 가득하여 하나님의 영광과 찬송이 되기를 원하노라

선교사님의 오랜 기도와 섬김과 전도로 예수님을 믿은 영혼은 선교사님이 복음으로 낳은 영적 자녀입니다. 이들을 향한 사랑과 애착이 남다를 수밖에 없습니다. 이제 그들 앞에는 자라 가며 예수님의 제자로 성장해 갈 긴 여정이 있습니다. 그 여정에 선교사님의 사랑의 수고와 믿음의 인내가 절실합니다.

육신의 자녀들이 부모의 사랑 어린 눈빛과 음성을

듣고 안정되게 자라는 것처럼 영적 자녀들도 목회적 관심과 사랑을 받고 자랍니다. 아이들이 부모를 보고 자라듯 믿음의 자녀들도 선교사님을 보고 그 믿음과 인격과 영성과 헌신이 자랄 것입니다. 이들이 잘 자라 예수님의 충성스러운 제자, 하나님의 일꾼이 된다면 그보다 더 큰 보람이 없을 것입니다.

나는 내가 전도하여 예수님을 믿은 사람들과 오래 있은 적이 거의 없었습니다. 핍박 때문이었습니다. 예수님을 믿은 지 불과 얼마 안 되는 사람들을 두고 다른 곳으로 옮기는 것이 마치 어린 자식을 부득이 떼어 놓고 떠나는 것같이 마음 아팠습니다. 더구나 나름대로 사회적으로 문제없이 살던 사람들이었는데 내가 전해 준 복음을 믿었기 때문에 핍박받을 것이라 생각하니 더욱 마음이 아팠습니다. 그런 핍박을 견디며 예수 신앙을 지켜 가는 그들이 고맙고 자랑스러웠습니다. 그래서 재방문과 편지로 자주 간절한 마음과 사랑을 전하려 노력했습니다. "내가 예수 그리스도의 심장으로 너희 무리를 얼마나 사모하는지 하나님이 내 증인이시니라"고 전하기도 했습니다(빌 1:8).

삶으로 전하는 메시지

선교사가 복음 메시지를 전하는 방법은 다양합니다. 말로 복음을 설명하고 확신시키는 것이 제일 앞섭니다. 그 메시지를 뒷받침하는 삶을 사는 것 또한 선교사에게는 절대적으로 필요합니다. 예수님의 제자로서 어떤 삶을 사는지, 어떤 성품과 인격, 인내와 관용의 소유자인지, 현지인들을 얼마나 사랑과 진심으로 대하는지, 동료 선교사들과는 어떤 관계를 유지하고 동역하는지, 가족들과 어떻게 지내는지, 재정을 어떻게 사용하며 얼마나 투명한지…. 이 여러 가지를 현지인들은 자연스레 관찰합니다.

특히 약속을 지키고 신뢰할 만한지 현지인들은 주목합니다. 내가 고린도 성도들에게 고린도에 가겠다고 약속하고 가지 못했을 때 그 이유를 얼마나 길고 진지하게 설명하는지 눈여겨보기 바랍니다(고후 1:12-2:4). 단순한 변명이 아니라 약속대로 고린도에 가지 못한 데에는 하나님도 아시는 이유가 있었다고 설명했습니다. "내가 내 목숨을 걸고 하나님을 불러 증언하시게 하노니 내가 다시 고린도에 가지 아니한 것은 너희를 아끼려 함이라"(고후 1:23). 그러면서 고린도 3차 방문을 재차 약속하였습니다(고후 12:14, 13:1). 그후 갈라디아 사건이 터졌을 때 갈라디아에는 편지를 보내고 고린도로 향한 것은 이 선약을 지키기 위해서였습니다. 약속을 지키면 선교사가 현지인에게 신뢰를 얻을 뿐 아니라 그가 전하는 복음도 신뢰를 받게 합니다.

데살로니가에서 보내던 시간이 생각납니다. 사도로서 마땅히 권위나 권리를 주장할 수 있었지만 도리어 유순한 자가 되어 유모가 자기 자녀를 기름과 같이 성도들을 정성으로 양육했습니다. '어미(mētēr)가 자기 자녀를 돌봄같이 했다'고 하지 않고 '유모(trophos)가 자기 아이를 기름같이 했다'고 기록한 것을 유념하십시오. 유모는 부잣집이나 주인집에서 남의 아이에게 젖을 먹이는 사람입니다. 갓난아이를 낳은 여인이라야 젖이 나옵니다. 유모는 남의 아이에게 젖을 먹이고 돌아와서야 자기 아기에게 젖을 물립니다. 남의 아기가 다 빨아먹었기에 남은 젖이 거의 없습니다. 종일 굶주렸던 자기 아기에게 한 방울이라도 더 먹이려는 엄마의 심정으로 데살로니가 성도들을 돌보았습니다. 이들이 얼마나 사랑스러웠던지 나는 복음뿐 아니라 목숨까지 주어도 아깝지 않았습니다(살전 2:7-8).

고린도에서도 마찬가지였습니다. 문제가 많았던 고린도교회지만 그럼에도 불구하고 그 성도들을 향한 내 마음은 사랑과 감사로 넘쳤습니다. 주께서 그들을 마지막 그리스도의 날에 책망할 것이 없는 자로 끝까지 견고하게 하실 것을 믿고 생각할 때마다 항상 하나님께 감사드렸습니다(고전 1:4-8). 교회의 몇 가지 문제로 야단을 치기도 했지만 그들을 부끄럽게 하려는 것이 아니라 복음으로 낳은 아비로서 사랑하는 자녀에게 하듯 권하려는 것이었습니다(고전 4:14-15). 성도들의 유익을 생각하고 폐를 끼치지 않으려는 마음에서 사도로서 마땅히 재정적 섬김을 받을 권리에 대해서는 말조차 꺼내지 않고 두 손으로 밤낮으로 일하여 나와 동료들의 필요를 채웠습니다. 나중에 그 얘기를 불가피하게 해야 되었을 때에도 마음을 아프게 할까 봐 심히 조심했습니다.

우리가 이 직분이 비방을 받지 않게 하려고 무엇에든지

아무에게도 거리끼지 않게 하고 오직 모든 일에 하나님의 일꾼으로 자천하여 많이 견디는 것과 환난과 궁핍과 고난과 매 맞음과 갇힘과 난동과 수고로움과 자지 못함과 먹지 못함 가운데서도 깨끗함과 지식과 오래 참음과 자비함과 성령의 감화와 거짓이 없는 사랑과 진리의 말씀과 하나님의 능력으로 의의 무기를 좌우에 가지고 영광과 욕됨으로 그러했으며 악한 이름과 아름다운 이름으로 그러했느니라(고후 6:3-8).

이런 고난 가운데서 이런 심정으로 복음을 전하여 얻은 성도들이기에 너무도 귀했습니다. 고린도로 찾아가 호통을 치려다가도 분노를 삼키고 대신 눈물로 편지를 써 보냈습니다. "내가 다시 고린도에 가지 아니한 것은 너희를 아끼려 함이라"(고후 1:23). 고린도 성도들이 나를 향한 애정을 거두어들였던 때조차 나는 그들을 향한 애정을 거두지 않았습니다(고후 6:12, NIV). 내가 고린도후서 11장 23-27절에 나열한 스물다섯 가지 고통과 고난보다 날마다 내 마음을 더 누르는 것은 모든 교회를 위한 염려였습니다(고후 11:28). 이 염려는 믿음이 없어서가 아니라 교회와 성도들을 애타게 걱정하는 사랑의 마음에서 생긴 것이었습니다.

이런 마음으로 성도들을 대하고 복음을 전했을 때에 그들도 나를 친밀히 대해 주었습니다. 선교사들만이 현지인들과 가질 수 있는 진하고 깊은 교제이며 진솔한 우정의 결과입니다. 하나님의 거룩함과 진실함으로 사역할 때 오는 축복입니다. 내가 버가에서 타우로스산맥을 넘어 갈라디아에 도착했을 때 몸은 지치고 병들었습니다. 심한 육체적 약함을 무릅쓰고 복음을 전했습니다. 그때 내 모습은 누가 보아도 흉측하고 이상했습니다. 그런데도 복음을 듣고 예수님을 믿은 갈라디아 성도들은 나를 업신여기거나 버리지 않았습니다.

오히려 하나님의 천사와 같이, 그리스도 예수와 같이 대접해 주었습니다. 할 수만 있었더라면 자기들의 눈이라도 빼어 줄 만큼 사랑으로 보살펴 주었습니다(갈 4:13-15). 그러던 그들이 거짓 선생들의 꾐에 빠졌을 때에도 나는 분노하거나 실망하기보다 그들을 위해 다시 해산하는 수고를 할 마음이 생겼습니다. 서로 가졌던 따뜻한 관계 때문이었습니다(갈 4:19).

선교사님, 복음으로 자녀를 낳으십시오. 그들을 정성으로 사랑하고 온 마음을 주십시오. 그들이 가난하고 부족해도 예수 안에서 형제자매가 되었으니 그들을 동등하게 대해 주고 아름다운 주님의 제자로 기르고 세워 주십시오. 선교사님의 주 사역이 성격상 '목회'가 아니라 할지라도 당신을 통하여 복음을 들은 사람들의 신앙 성장에 깊은 관심을 가지고 예수님의 신실한 제자로 무장시켜 주십시오.

아름다운 작별

밀레도에서 에베소 장로들과 보낸 시간을 잊을 수 없습니다. 당시 그토록 원했던 로마 방문을 미루고 예루살렘으로 가는 길이었습니다. 그때 성령님은 내가 예루살렘에서 결박되어 죽을 것을 보여 주셨습니다. 죽는 한이 있더라도 예루살렘에 가서 사도들과 장로들을 만나야 했습니다. 개척한 교회마다 유대주의자들이 찾아와 이방 성도들도 할례를 받아야 온전히 구원받는다고 훼방하는 바람에 이방 성도들은 신학적 혼돈에 빠졌습니다.

유대주의자들이 예루살렘 지도자들의 승인 내지 묵인으로 이런 혼란을 야기하고 있다고 판단되었으므로 예루살렘 지도부를 찾아가 이방 성도들이 믿음으로 얻은 구원이 온전하고 합당하다는 것을 설명해야 했습니다. 그러기 위해 예루살렘에 가면 불신 유대인들에게 붙잡혀 생명이 위태로울 상황이었습니다.

하지만 나는 죽음을 각오하고 예루살렘으로 향했습니다. 로마에 방문하지 못할 경우를 대비하여 그들과 대면하여 가르치고자 했던 내용을 편지로 써서 뵈뵈 자매 편에 로마로 보냈습니다. 지나는 길에 마게도냐 교회들에게도 이방 성도들은 믿음으로 얻은 구원이 충분하므로 율법을 지키지 않아도 된다고 가르쳤습니다. 타고 가던 배가 에베소에 들르지 않는 경로였기에 에베소교회를 방문할 수 없었습니다. 에베소교회는 아시아 속주의 중심 교회였기 때문에 유대주의자들의 꾐에 빠지지 않도록 준비시켜야 했습니다.

그래서 에베소 장로들을 밀레도로 불러 주께서 자기 피로 사신 교회를 잘 보살펴 지키라고 당부했습니다.

많은 시간을 할애하여 내가 에베소에서 사역하는 동안 어떻게 살았는지 상기시켜 주었습니다. "아시아에 들어온 첫날부터 지금까지 … 모든 겸손과 눈물이며 유대인의 간계로 말미암아 당한 시험을 참고 주를 섬긴 것과 유익한 것은 무엇이든지 공중 앞에서나 각 집에서나 거리낌이 없이 … 전하여 가르"친 것, "삼 년이나 밤낮 쉬지 않고 눈물로 각 사람을 훈계하던 것", "아무의 은이나 금이나 의복을 탐하지 아니하였고 … 이 손으로 나와 내 동행들이 쓰는 것을 충당하여 범사에 … 수고하여 약한 사람들을 [도운 것]"을 상기시켰습니다(행 20:18-21, 31, 33-35). 내 말에 무게가 실렸던 것은 그들이 보았던 내 삶을 근거로 말했기 때문입니다.

이 과정에서 "여러분이 다 내 얼굴을 다시 보지 못할 줄 아노라"고 알렸습니다. 예루살렘에 가서 체포되면 어떤 일이 있을지, 그럼에도 불구하고 왜 가야 하는지를 설명했습니다. 그들은 말리지 않았지만 슬픔으로 가득 찼습니다. 성찬을 나누고 기도를 하고 헤어질 때가 되었을 때 장로들은 내 목을 안고 입을 맞추고 다 크게 울었습니다. 그들은 다시 만나지 못하리라 생각하고 슬퍼 울었지만 나는 감사로 목이 메어 뜨거운 눈물을 흘렸습니다. 이들과 나누는 우정과 동역이 감사했습니다. 선교사로서 큰 보람을 느꼈습니다.

　　에베소에서 맹수와 싸우는 것 같았던 온갖 핍박을 장로들과 함께 견뎌 냈던 수많은 나날들이 주마등같이 지나갔습니다. 이들의 눈물과 사랑은 그 모든 고생을 넘어선 주님의 보상으로 느껴졌습니다(고전 15:32; 행 20:23-38). 이런 작별은 두로와 가이사랴에서도 경험했습니다. 함께 예루살렘으로 연보를 들고 가던 이방 교회 대표들까지도 예루살렘에 가지 말라고 울면서 말렸습니다. 인간적 정(情)이 아니라 성령의 예언이라며 말렸습니다. 나를 아끼는 마음인 줄 알기에 너무도 고마웠지만 나는 뜻을 굽히지 않았습니다(행 21:3-14). 내 목숨을 부지하는 것보다 이방 교회들을 신학적으로 바로 지키는 것이 더 중요하다고 판단했기 때문입니다.

　　선교지의 성도들은 선교 사역의 열매이며 증거입니다. 그들은 선교사가 그들의 마음 판에 하나님의 영으로 쓴 편지입니다(고후 3:2-3). 선교사님, 선교지를 옮기거나 떠날 때 이처럼 아쉽고 애틋한 작별로 헤어지길 축복합니다. 그런 작별의 모습은 그동안 선교사님의 사역이 어떠했는지, 그들을 어떻게 사랑했는지, 어떤 우정과 동역을 이어 왔는지 보여 주는 아름다운 작별이기 때문입니다.

선교는 이론이나 공식이나 경험으로 하는 것이 아닙니다. 주님을 사랑하고 순종하는 마음, 복음에 대한 확신과 영혼들을 향한 열정으로 할 때 하나님께 기쁨을 드리게 됩니다. 동역자들과 현지인들에게 존경받는 선교사가 되십시오. 하나님과 현지인들을 뜨겁게 사랑하고 복음 전파에 매진하는 선교사님의 희생적 헌신을 그들이 보고 선교사님을 존경하게 되길 축복합니다.

지속적 관계 유지와 양육

선교는 한 번 복음을 전하고 떠나는 것으로 끝나지 않습니다. 선교 실적을 수치로 계산하고 관심을 접는 것이 아닙니다. 지속적인 관계를 유지하며 양육에 힘써야 합니다. 가는 곳마다 찾아온 핍박 때문에 나는 불가피하게 '순회 선교'를 하게 되었습니다. 하지만 개척한 교회 성도들이 어떻게 지내는지, 특히 핍박 가운데 신앙생활을 잘 하는지 늘 궁금했습니다. 많이 기도해 주었지만 늘 보고 싶었습니다. 어찌하든지 기회를 만들어 다시 가서 가르치고 부족한 부분을 채워 주며 격려하고 싶었습니다.

1차 선교여행을 마치고 수리아 안디옥으로 돌아올 때에도 더베에서 동쪽으로 오면 거리상 훨씬 더 가까웠지만 우리는 복음을 전했던 갈라디아 지역의 교회들을 하나씩 다시 방문하는 긴 여정을 택했습니다. 교회들을 다시 찾아가 그들을 격려하고 장로들을 세우고 믿음에 굳건히 서도록 도와주고 싶었습니다. 그런 사명과 목회적 심정으로 다시 돌아갔습니다. 우리가 다시 올 줄 기대하지 못했던 성도들은 기뻐 반겨 주었고, 핍박 중에도 그동안 믿음을 지켜 온 성도들을 보고 우리는 감격했습니다. 복음으로 낳고 동역한 성도들을 다시 만나는 것보다 더 기쁜 일은 없었습니다.

2차 선교여행도 갈라디아 형제들이 어떻게 지내는지 보고 싶은 마음에서 시작되었습니다. 바나바에게 전도한 지역으로 다시 가서 형제들이 어떠한가 알아보자고 내가 제안했습니다(행 15:36). 바나바는 마가를 데리고 구브로로 가고, 나는 실라와 함께 수리아와 길리기아와 갈라디아를 방문하여 교회들을 견고하게 했습니다. 길리기아에 있던 교회들은 내가 바나바의 초청을 받아 안디옥으로 오기 전, 십여 년 사역하며 세웠던 이방 교회들입니다(행 15:23).

나는 복음이 전해지지 않은 곳을 찾아 전도하고, 남이 터 닦은 곳에는 건축하지 않는다는 기본 원칙을 가지고 있었습니다(롬 15:20). 길리기아 교회들을 찾아간 것은 내가 세운 교회였기 때문입니다(행 15:41). 그후 더베부터 시작하여 갈라디아 교회들을 차례로 방문했습니다. 예고 없이 또다시 찾아온 우리를 보고 성도들은 감격했습니다. 우리의 재회는 무엇으로도 표현할 수 없는 축복이었습니다. 이 기쁨이 선교사의 큰 보람입니다.

성도들을 모아 그간의 기쁜 소식도 듣고 어려웠던 이야기도 들었습니다. 그동안 신앙생활을 잘해 온 성도들을 보고 감사의 기도를 드렸습니다. 특히 루스드라와 이고니온의 형제들이 디모데를 칭찬하는 소리를 듣고 기뻤고, 그를 선교팀에 합류시키기로 했습니다. 성도들의 전도를 받고 예수님을 믿은 새 신자들을 처음 만나 그들의 간증을 듣는 것이 무엇보다 기뻤습니다. 조촐했지만 정성껏 준비한 음식과 함께 성찬을 나눈 때를 잊을 수 없습니다. 나는 가르침보다는 격려와 칭찬에 더 중점을 두었습니다. 각 지역에 짧은 기간 머물렀지만 교회가 견고해지는 모습을 보며 하나님께 감사드렸습니다. 잘하고 있는 대로 더욱 많이 힘쓰라고 격려해 주었습니다.

3차 선교여행 여정에도 갈라디아 교회들을 네 번째 방문했습니다. 4차 선교여행까지 합하면 빌립보, 데살로니가, 고린도, 드로아도 모두 네 번씩 방문했습니다. 이들을 다시 방문할 때 그들은 믿음에 더 굳건히 서게 되었고 믿는 자의 수도 늘어났습니다(행 16:5, 18:23). 극심한 핍박을 피해 다른 도시로 옮겨야 했을 때에도 잠시라도 형제들을 만나 격려하고 기도해 주고 떠났습니다(행 16:40, 18:18, 20:1).

직접 가기 어려울 때는 다른 사람들을 보냈습니다. 디모데를 데살로니가와 고린도에 보냈고, 실라를 마게도냐로 보냈고, 디도를 고린도와 그레데로 보냈습니다. 브리스길라와 아굴라를 나 대신 에베소에 남겨 두기도

했습니다. 그들 편에 편지를 들려 보내기도 했습니다. 나의 서신들은 교회가 직면한 문제를 해결해 주는 기능뿐 아니라 예수님을 더 사랑하고 헌신하라고 신앙을 독려하며 교제를 이어 가는 데 큰 역할을 했습니다.

그런 목회적 의중을 가지고 편지를 썼습니다. 당시 종이 역할을 한 파피루스와 필기도구가 좋지 않았기 때문에 편지를 쓰기란 쉽지 않았습니다. 서신의 부피가 크고 교통수단이 여의치 않아 배달도 쉽지 않았습니다. 그러나 주님이 내 심령에 목회적 애틋함을 채우셔서 편지를 쓰도록 힘을 주었습니다. 그러다 보니 한 번에 문서 한 권을 발간하는 일인 출판사가 되어 기독 문서 사역을 최초로 시작한 영예를 안았습니다.

선교사님도 기록하는 선교사가 되십시오. 선교 사역은 물론 하나님이 함께하셔서 이루신 이야기, 전도 이야기, 기도 응답, 어려웠던 일과 감사한 이야기들을 적어 보십시오. 책으로 출판될 수도 있을 것입니다. 기억에 의존하여 쓰려면 한계가 있습니다. 구체적이지 못하여 감동을 주기 어렵습니다. 구체적 자료가 있어야 합니다. 그 자료는 선교지에 도착한 첫날부터, 아니 그 전부터 모으면 좋습니다.

지금 하는 사역에서도 목회적 양육에 최선을 다하십시오. 일보다 아름다운 동역의 관계에 치중하십시오. 지금 선교지를 떠나 있다면 다시 찾아가 형제들을 만나보십시오. 당신이 현지 성도들의 신앙생활에 결정적 영향을 끼쳤거나 신실한 모습으로 선한 영향을 끼쳤다면 떨어져 있었던 시간과는 상관없이 옛날로 돌아가 옛 이야기를 꽃피우며 반가운 교제를 이어 갈 것입니다. 내가 선교지를 재방문할 때마다 느꼈던 기쁨과 감동과 사역의 기회를 선교사님도 갖게 되길 기도합니다.

5

재정에 대한
확고한 원칙을
　　　　　가지십시오

바울과 실라가 갇힌 곳으로 알려진 빌립보 감옥 입구의 모습

바울이 하나님이 보여 주신 환상을 따라 마게도냐로 건너온 후, 첫 성 빌립보에서 복음을 전하여 향후 2천 년 동안 세계 선교를 주도할 유럽 교회가 시작되었습니다. 그러나 억울한 고난이 뒤따랐습니다. 그런 중에도 이 감옥에서 찬양하며 기도하던 선교사들에게 기적이 일어났고, 고난은 부흥의 기회가 되었습니다. 이 인연으로 빌립보교회는 재정적으로 바울과 가장 긴밀하게 동역한 교회가 되었습니다.

| 빌 4:11-12 |

내가 궁핍하므로 말하는 것이 아니니라 어떠한 형편에든지 나는 자족하기를 배웠노니 나는 비천에 처할 줄도 알고 풍부에 처할 줄도 알아 모든 일 곧 배부름과 배고픔과 풍부와 궁핍에도 처할 줄 아는 일체의 비결을 배웠노라

선교사는 남의 경제적 도움을 받아 살며 사역하기로 스스로 선택한 사람입니다. 대부분의 현대 선교사는 교회나 개인 후원자의 재정 지원을 받아 살고 사역합니다. 일한 대가로 월급을 받는 목회자나 신학자, 사역자와는 다릅니다. 따라서 선교사는 재정 기록과 관리를 잘하여 투명성을 유지해야 합니다. 좋은 날보다 궂은날을 대비하여 잘 기록하고 보고하고 감사 편지를

보내야 합니다. 복음의 진보에 지장을 줄지도 모를 구설수를 사전에 차단할 시스템을 유지해야 합니다. 이런 일은 을(乙)의 입장에 놓이는 것 같아 불편할 수도 있지만 이런 수고는 기꺼이 감당할 수 있어야 합니다.

선교사는 재정에 대한 확고한 원칙을 가지고 있어야 합니다. 내 원칙은 자비량 선교였습니다. 고린도에서 개척할 당시 안식일에는 회당을 찾아 예수는 그리스도라고 밝히 증언했고, 주중에는 개인적으로 전도하는 것 외에 천막을 수리하고 만드는 일에 많은 시간을 할애했습니다. 마침 로마에서 온 아굴라 부부가 가게를 내고 일하게 해 주었습니다. 돈은 늘 부족했지만 성도들에게 폐를 끼치지 않기 위하여 조심하였습니다. 감사하게도 마게도냐 형제들이 두어 번 부족한 경비를 보내 주었습니다(고후 11:9). 사실 사도로서 마땅히 재정적 섬김을 받을 권리가 있었지만 이 권리를 하나도 쓰지 않고 범사에 참은 것은 그리스도의 복음에 아무 장애가 없게 하려 함이었습니다(고전 9:1-12, 15, 18).

에베소에서도 손으로 일하여 동료들의 경비까지 충당했고, 데살로니가에서도 아무에게도 폐를 끼치지 아니하려고 밤낮으로 일하면서 하나님의 복음을 전하였습니다(행 20:34-35; 살전 2:9). 누구에게서든지 음식을 값없이 먹지 않았고 그러기 위해 애써 주야로 일했습니다. 그리하여 어느 성도에게도 폐를 끼치지 않을 수 있었습니다. 섬김을 받을 권리가 없는 것이 아니었지만 성도들에게 본을 보이기 위해 열심히 일했습니다. 일하지 않는 자는 먹지도 말고 모두 게으름을 피우지 말고 성실히 일하라고 가르치기 위해서라도 삶으로 본을 보이고자 했습니다(살후 3:8-9).

자식이 부모를 위해 저축하는 것이 아니요 부모가 자녀를 위해 하듯 성도들로부터 재정 지원을 받는 것보다 그들을 돕는 것이 낫다는 자세를 가졌습니다(고후 12:14). 이 과정에서 "주리며 목마르고 여러 번 굶고 춥고 헐벗었"습니다(고후 11:27). 그래도 성도들에게 폐를 끼치지 않았습니다. 우리는 아껴 썼습니다. 지출을 줄이면 그만큼 수입을 얻는 셈입니다.

무엇을 먹을까, 무엇을 마실까, 무엇을 입을까 염려하지 말라는 말씀은 모든 그리스도인들에게 해당되지만 특히 선교사들이 명심해야 할 약속입니다. "너희 하늘 아버지께서 이 모든 것이 너희에게 있어야 할 줄을 아시느니라 그런즉 너희는 먼저 그의 나라와 그의 의를 구하라 그리하면 이 모든 것을 너희에게 더하시리라"(마 6:24-25, 31-34).

받으실 만한 향기로운 제물

내가 아무런 재정 지원도 받지 않았다는 말이 아닙니다. 선교사가 헌금을 받는 것이 잘못되었다는 말은 더더욱 아닙니다. 빌립보교회는 우리가 데살로니가로 옮긴 지 얼마 되지 않아 두어 번이나 헌금을 보내 주었습니다. 에바브로디도 편에 또 헌금을 보내 주었습니다. 가이사랴 감옥에서 에베소교회, 골로새교회에도 편지를 썼지만 보낸 헌금에 대한 감사를 표한 곳은 빌립보교회뿐이었습니다. 그들이 교회가 개척된 초기부터 복음을 위한 일에 여러 번 물질로 참여한 것은 착한 일이요, 하나님을 기쁘시게 한 향기로운 제물이라고 칭찬했습니다 (빌 1:5-6, 4:16-18).

원리는 이것입니다. 선교사는 재정 지원을 기대하거나 요구하지 않으며, 아껴 쓰고 자비량하려는 자세를 유지하고, 후원 교회나 현지 성도들은 선교사들을 자발적으로 정성껏 지원하는 것이 아름답습니다. 성도들에게 폐를 끼치지 않고 복음의 진보에 아무 지장이 없도록, 물질로 섬김을 받을 권리가 있음에도 불구하고 그런 권리를 사용하지 않으려는 자세를 유지하길 권면합니다(고후 11:9).

선교사가 재정적 섬김을 먼저 요구하거나 지원이 없다고 불평한다면 현대 선교에서도 복음의 진보에 장애가 될 것입니다. 부족하면 일을 찾아 자비량하고, 무엇을 먹을까 염려하지 말고 먼저 그의 나라와 의를 구하는 사역에 집중하기 바랍니다. 그 과정에서 여러 번 굶고 춥고 헐벗을 수 있지만 주님은 곡식 떠는 자의 입에 망을 씌우지 않으실 것이며 의인의 자식이 걸식함을 두고 보지 않으실 것입니다(고전 9:9-12; 시 37:25).

하늘로부터 공급받는 비결

　　재정 문제로 보면 내가 사역할 때와 현대 선교사들의 여건은 상당히 다릅니다. 우리는 파송 교회인 안디옥 교회나 예루살렘교회로부터 정기적 재정 지원을 거의 받지 못했습니다. 물론 파송 교회는 우리가 선교여행을 출발할 때마다 먹을 것과 필요한 것을 챙겨 주며 최선을 다했지만 계속 옮겨 다니는 우리에게 헌금을 보내는 일이 수월하지 못했습니다. 오히려 흔하지 않았지만 개척한 교회들로부터 물질적 도움을 받았습니다. 현대 선교사들은 본국의 파송 교회나 협력 교회로부터 정기적 지원을 받아 오히려 현지 성도들을 지원하는 경우가 많습니다.

　　하지만 1세기나 21세기나 원칙은 같습니다. 선교사는 누구에게도 재정을 먼저 요구하지 않고 오직 하나님께 아뢰며 주님의 공급하심을 사모하는 것입니다. 모든 주의 종은 재정적 필요를 남에게 요청하지 않고 하늘로부터 공급받는 비결을 배워야 하는데, 선교사는 더욱 그렇습니다. 생활이 어렵다고 파송 교회나 다른 사람들에게 직접 지원을 요청하는 것은 바람직하지 않습니다. 그렇게 추가 지원을 받는다면 다른 선교사와 형평이 맞지 않을 수도 있고 '징징 선교사'(crying missionary)로 인식될 수도 있습니다. 재정 문제가 모국의 교회나 현지 성도들에게 거침돌이 되지 않도록 항상 주의하며 복음의 진보에 지장을 받지 않도록 최대한 조심하는 것이 필요합니다.

"너희 하늘 아버지께서 이 모든 것이 너희에게 있어야 할 줄을 아"신다는 약속을 믿고 하나님의 채우심을 경험하며 살아야 합니다(마 6:32). 배부름과 배고픔과 풍부와 궁핍 등 어떠한 형편에 처하든지 자족하는 일체의 비결을 배우는 것이 바람직합니다(빌 4:10-12). '아라비아 광야' 같은 시간도 힘은 들겠지만 감사할 수 있으면 좋겠습니다. 하나님밖에 의지할 것이 없는 상황에서 하나님과 동행하며 그분의 공급하심과 능력을 체험하여 훗날 선교 사역에 주님만 의지하는 담대함을 얻게 될 것이기 때문입니다.

검소하고 절약하는 심플 라이프스타일을 습관화해야 합니다. 절약할 항목을 적어 보면 더 절약할 부분이 보일 것입니다. 재정이 부족하다면 헌 옷을 입거나 작고

낡은 차를 타도 아무렇지 않아야 합니다. 넉넉해도 마찬가지입니다. 최대한 아껴 남을 돕고 사역에 사용하는 모습을 현지인들이 귀하게 볼 것이요 하나님도 기뻐하실 것입니다.

다른 사역자들과 마찬가지로 선교사들도 재정 불확실성이나 경제적 결핍이라는 십자가를 지고 주님을 따를 수 있어야 합니다. 선교사는 자녀들에게 남들만큼 경제적으로 잘해 주기 어렵습니다. 대신 부모가 서로 사랑하고 아이들을 사랑으로 양육하며 하나님을 헌신적으로 섬기는 모습으로 자녀들에게 안정감을 줄 수 있습니다. 경제적으로 넉넉하지 못해도 신앙과 사랑으로 안정된 가정에 사는 아이들은 구김살 없이 자랄 것입니다.

모험을 선택한 사람들

현대 선교사들은 생활과 사역을 위해 모금합니다. 성도들이 선교사들을 파송하면서 짐을 나누어 지고 보내는 선교사로서 가는 선교사를 지원하는 것은 바람직한 일입니다. 그런데 모금이 충분히 될 때까지 선교사를 아예 선교지로 보내지도 않는 일부 선교 단체들이 있습니다. 생활비, 사역비, 교육비, 본부 행정비, 의료보험비, 정착비, 연금까지 계산하여 막대한 선교비 모금을 요구하는 선교 기관들이 늘고 있습니다. 이렇게 해서는 많은 선교사를 보내기 어려울 것입니다.

그렇게 모든 것을 갖추고 나간 선교사는 현지에서 재정이 채워지도록 절실하게 기도하지 않을 확률이 높습니다. 선교지에 가서도 계속 재정이 채워지도록 간절히 기도하고 하나님의 기적 같은 공급하심을 경험할 기회를 갖게 하기 위해서라도 절반 정도 모금된 선교사는 파송하는 편이 좋을 것입니다.

선교사는 그 특성상 재정적으로 하나님을 의지하는 모험을 선택한 사람입니다. 신실하신 하나님이 그들의 형편을 보시고 기적적으로 필요를 채우실 것입니다. 그러나 미리 채우거나 넉넉히 채우시지 않는 것은 하나님을 더 간절히 의지하여 까마귀를 통한 작은 공급에도 감격하게 하시려는 주님의 배려입니다.

선교사들이 생활이나 프로젝트를 위해 모금하는 경

우가 있습니다. '하나님의 일인데 당당하게 알려 참여를 유도해야 한다', '모든 것을 아시는 하나님이 필요를 채워 주실 텐데 왜 굳이 손을 벌려 모금해야 하느냐' 등 선교사나 기관마다 의견이 엇갈립니다. 어느 것이 맞고 틀리다고 단정하기 어렵습니다. 내가 고수했던 재정 정책이 너무 구식이라고 생각하지 않는다면 나는 선교사님이 먼저 하나님 앞에 오랫동안 간절히 기도하여 하늘에서 그 자원을 이끌어 오라고 조언하고 싶습니다.

당신의 필요를 나눌 기회가 생기면 헌금해 달라고 먼저 말하지 않는 것이 좋습니다. 대신 하나님이 하시는 일들을 간증하며 당신의 심장에 가득한 것(heartbeat)을 보여 주십시오. 듣는 사람이 당신의 스토리와 하나님을 향한 열정을 보고 '하나님이 이 사역을 기뻐하시고 함께 하시는구나' 하는 생각이 들면 그들이 먼저 어떻게 도우면 좋겠냐고 물을 것입니다. 그때를 대비하여 구체적으로 나눌 자료를 준비해 가거나 나중에 보내 주어도 좋습니다. 선교사는 하나님을 의지해야지 사람의 지갑을 바라보아서는 안 됩니다.

2천 년의 세월이 흘렀지만 재정 관리 원칙은 변하지

않아야 합니다. 하나님의 공급하심을 간절히 기다리는 기도, 될 수 있는 대로 남에게 폐를 끼치지 않으려는 자세, 재정적으로 힘들어도 낙심하거나 원망하지 않는 마음, 힘들더라도 사람보다 하나님을 의지하는 믿음, 스스로 재정 문제를 해결하기 위해 자비량하는 노력, 선교에 동참하는 마음으로 드린 성도들의 헌금을 아껴 쓰는 정신, 넉넉하지 않아도 있는 것으로 남과 나누는 넉넉함, 재정 문제로 복음의 진보에 지장이 없도록 철저히 관리하는 태도…. 이런 원칙들이 지켜져야 합니다.

투명한 재정 관리

선교사는 재정 모금, 사용, 관리, 기록에 투명하여 돈 문제에 있어 정직성을 인정받아야 합니다. 에베소 장로들에게 "내가 아무의 은이나 금이나 의복을 탐하지 아니하였고 여러분이 아는 바와 같이 이 손으로 나와 내 동행들이 쓰는 것을 충당하여 범사에 여러분에게 모본을 보여 준 바와 같이 수고하여 약한 사람들을 돕고"라고 자신 있게 말한 것은 그들이 나의 모습을 보았기 때문입니다(행 20:33-35; 고전 9:1-15; 살전 2:9). 선교사는 가진 것은 물론 자신까지도 내어 주는 심정으로 사역할 수 있어야 합니다(고후 12:15).

고린도교회에서 예루살렘교회를 위해 모금할 때에도 디도와 다른 두 형제를 보냈습니다. 이렇게 조치한 것은 모금된 거액의 연보에 대해 아무도 우리를 비방하지 못하게 하려 함이었습니다(고후 8:16-22). 선한 일을 하면서 남들을 시험에 빠뜨리지 않도록 미리 주님과 사람들 앞에서 조심하려 했습니다.

이방 교회들이 모은 헌금을 예루살렘교회에 전달할 때에는 이방 교회 대표 일곱 명과 누가와 디도까지 동행하게 했습니다(행 20:4). 그들이 헌금 전달과 수령의 증인이 되었습니다. 이렇게 조심한 것은 거액의 연보를 전달하는 좋은 일을 행여나 누군가 비방하지 못하도록 할 뿐 아니라 혹 비방할 경우를 대비하여 증인과 공신력을 미리 확보하기 위함이었습니다. 헌금을 바른 방법으로 모으고 관리하고 사용하는 것이 중요합니다. 선교사는 돈 문제로 책잡히지 말아야 되겠고, 그럴 가능성을 사전에 차단할 시스템을 스스로 구축해 놓아야 합니다. 고소를 받을 때 대답할 것이 있도록 철저히 기록을 남기는 것이 좋습니다.

나도 교활하게 성도들을 속여 속임수로 재정 소득을 취하였다고 고소당한 적이 있었습니다. 그러나 항변할 수 있었던 것은 하나님 앞에서 바른 동기(動機)를 가졌을 뿐 아니라 재정을 투명하게 관리했기 때문입니다(고후 7:2). 이렇게 자신 있게 말하고 자료로 뒷받침할 수 있어야 합니다.

선교사님, 돈으로 선교하려거나 현지인들에게 군림하려는 모습은 절대 보이지 마십시오. 얼마 안 되는 지원금 주면서 군림하는 태도를 가져서는 안 됩니다. 오히려 그리스도를 위하여 그들을 섬기는 종으로 살아야 합니다(고후 4:5). 현지인들이 지원금 때문에 비굴해지지 않도록 배려해야 합니다. 현지인들을 경제적으로 무엇을 얻을까 기대하는 사람들로 만들지 마십시오. 현지인들이 하나님과 복음을 향한 당신의 열정과 성품과 인격을 보고 동역하게 해야지 돈을 보고 모이게 해서는 안 됩니다. 그러기 위해서는 처음 부임할 때부터 돈 있는 선교사로 보이지 않아야 합니다. 돈 있는 선교사로 보이면 돈을 바라고 현지인들이 접근할 가능성이 높습니다. 돈으로 일하는 선교사로 비쳐져도 안 됩니다. 우선 선교사 자신이 열심히 몸으로 일하고 돈을 아끼는 사람이 되어야 하고, 현지인들 중에서도 몸과 시간으로 주님의 일을 함께하려는 자원봉사자들이 늘어나야 합니다. 돈과 관계없이 신실한 동역자들을 만나는 것이 향후 선교 사역에 큰 영향을 미칠 것입니다.

재정 문제는 누구에게나 중요하고 예민하지만 선교사에게는 더욱 그렇습니다. 그러나 누구보다 하나님의 공급하심을 최전선에서 경험하며 가장 스릴 있게 살 수 있는 자리이기도 합니다. 주님이 까마귀를 통하여 크고 작은 것으로 채우실 때마다 형언할 수 없는 감격과 감사를 경험합니다(왕상 17:4-6). 그래서 경제적 어려움과 불확실성에도 불구하고 계속 그 길을 걷기로 자원합니다.

하나님이 당신의 형편과 걸음과 믿음과 눈물을 보고 계십니다. 응원하십니다. 복음을 전하기 위하여 언어와 문화와 음식과 종교가 다른 곳에서 이름도 없이 그 어려운 길을 걷는 당신에게 고마워하십니다. 당신에게 주어질 하나님의 보상은 그분 앞에 서 보아야 압니다!

6

아름다운
동역을
　　　이루어 가십시오

로마의 콜로세움

수많은 그리스도인의 순교 현장이었던 콜로세움. 바울의 예수님을 향한 충성심과 복음을 향한 확신과 불신자들을 향한 열정을 본 성도들은 참혹한 순교를 당하면서도 믿음과 소망으로 승리했습니다. 이들은 신앙의 동지들이요 복음의 동역자들이었습니다. 이들이 흘린 순교의 피가 로마 제국에 기독교가 공인되는 데에 귀하게 쓰임 받았습니다.

| 행 14:26-28 |

거기서 배 타고 안디옥에 이르니 이곳은 두 사도가 이룬 그 일을 위하여 전에 하나님의 은혜에 부탁하던 곳이라 그들이 이르러 교회를 모아 하나님이 함께 행하신 모든 일과 이방인들에게 믿음의 문을 여신 것을 보고하고 제자들과 함께 오래 있으니라

"추수할 것은 많되 일꾼이 적으니 그러므로 추수하는 주인에게 청하여 추수할 일꾼들을 보내 주소서 하라"(마 9:37-38). 이 말씀은 주님께서 주신 몇 개 안 되는 구체적인 기도 제목 중의 하나입니다. 그래서 아주 중요합니다. 이 기도 제목으로 기도하다가, 또 다른 사람들이 드린 기도의 응답으로 많은 헌신자들이 추수 밭으로 나아갑니다.

선교사들은 현지에서 이 제목으로 자주 기도할 뿐 아니라 추수꾼을 동원할 수 있는 좋은 입장에 있습니다. 선교 보고나 간증을 통해 하나님의 역사하심과 선교의 보람, 일꾼이 부족한 상황을 현장감 있게 구체적으로 알릴 수 있기 때문입니다. 그 결과 헌신자들이 선교지로 나가고 어떤 때는 같은 단체나 같은 나라나 지역에 속하여 동역하는 경우도 많습니다. 선교사는 동료 선교사, 현지인, 후원자, 이렇게 크게 세 그룹의 사람들과 동역합니다. 이들과 어떤 관계를 갖고 동역하는가가 중요합니다.

동료 선교사들과의 동역

내가 받은 축복 하나는 신실한 동역자들과 함께 사역할 수 있었던 것입니다. 하나님께서 바나바, 디모데, 디도, 누가, 아볼로, 브리스길라와 아굴라, 루디아 같은 귀한 동역자들과 함께 선교 사역을 하도록 묶어 주셨습니다. 성경에 이름이 기록된 나의 동역자만 36명이나 되고, 그 외에 수없이 많은 무명의 영웅들이 일상에서 우리를 지원했고 어떤 사람들은 목숨을 걸고 동역하기도 했습니다. 이들은 함께 일했지만 내 사역을 돕는 부속품 같은 존재가 아니라 각자 하나님의 부르심에 순종하여 사역자로 나선 주님의 일꾼들이었습니다. 우리는 각자 소명과 은사를 따라 하나님의 일을 함께했습니다. 서로의 은사와 역할을 존중하고 활용하여 복음의 진보를 위해 각자 역할을 감당함으로써 하나님의 나라를 확장하고자 애썼습니다.

고린도전서 12장에서 교회를 사람의 몸에 비유했듯이 우리 선교팀은 하나의 몸으로서 각 지체의 역할을 맡아 일했습니다. 역할은 달랐지만 중요성은 모두 동일했습니다. 서로 비교하기보다 서로 도우려고 애썼습니다. 또한 서로가 필요하여 서로에게 의존할 수밖에 없는 자신의 연약함도 인정하며 일했습니다. 예수님의 말씀을 우리 작은 선교팀에서도 적용하려고 애썼습니다. 직위의 높낮이가 없었고 권세를 부리는 일은 더욱 없었습니다.

"예수께서 불러다가 이르시되 이방인의 집권자들이 그들

을 임의로 주관하고 그 고관들이 그들에게 권세를 부리는 줄을 너희가 알거니와 너희 중에는 그렇지 않을지니 너희 중에 누구든지 크고자 하는 자는 너희를 섬기는 자가 되고 너희 중에 누구든지 으뜸이 되고자 하는 자는 모든 사람의 종이 되어야 하리라"(막 10:42-44).

"너희 중에는 그렇지 않을지니…"(not so with you). 세상 원리와 차별성을 천명하는 이 네 단어가 갖는 원리를 사역자들은 명심해야 합니다. 직책과 직분이 나뉘지만 이것이 권세를 부리는 직위 개념은 아니어야 합니다. 선교팀의 구성원이 각자 성숙과 헌신과 겸손과 인내와 관용과 순종으로 남을 나보다 낫게 여기며 마땅히 생각할 것 이상을 마음에 품지 말고 주님의 일에 매진해야 합니다. 선교는 경쟁하거나 주도권을 주장하는 일이 아닙니다. 도리어 동역자들을 섬기고 희생하며 귀히 여기는 사역이 되어야 합니다.

주님께서 아리스다고에게 큰 상급을 주시리라 생각합니다. 데살로니가에서 전도할 때 그가 예수님을 믿었습니다. 아름답게 성장하여 예루살렘교회에 헌금을 전달하기 위한 데살로니가교회 대표로 선출되었습니다. 다른 이방 교회 대표들과 함께 헌금을 잘 전달했습니다. 예루살렘에서 유대인들이 일으킨 폭동 때문에 내가 체포되어 가이사랴 감옥에 이태 동안 구금되자 아리스다고는 데살로니가로 돌아가지 않고 나를 돕기 위해 감옥에 갇히겠다고 자원했습니다.

당시 다른 사람이 함께 갇혀 죄수를 돌보도록 허락하는 제도가 있었습니다. 2년 동안 감옥 안에서 헌신적으로 나를 돕는 모습을 보고 유대 총독부는 내가 로마로 호송될 때 그도 같이 배를 타고 동행하도록 허락해 주었습니다. 로마에 도착한 후에도 로마 형제들이 얻은 셋집에 같이 머물면서 또 돌보아 주었습니다.

브리스길라와 아굴라도 그렇습니다. 고린도에서 이 부부를 만난 것은 하나님의 예비하심이었습니다. 사실 우상 숭배와 성적 타락으로 혼탁한 고린도에 혼자 도착하여 어디서부터 어떻게 사역을 시작할지 막막한 때였습니다. 이 부부는 이미 로마에서 예수님을 믿었는데 주후 49년 글라우디오 황제가 모든 유대인을 로마에서 추방하라고 내린 칙령 때문에 고린도로 옮겨 왔고, 천막

제조 수리 사업을 시작했습니다.

고린도와 인근 도시에서 이스트미아 제전, 네메아 제전, 피티아 제전이 2-4년 간격으로 번갈아 열리고 있어서 매년 수많은 선수와 관람객을 위한 임시 숙박 시설이 필요했습니다. 자연히 천막 사업이 번창했고 일손이 필요했습니다. 나도 천막 기술자임을 알게 되자 그들은 함께 자기 집에서 기숙하며 일하자고 제안했습니다. 이 부부의 도움으로 자비량 선교를 할 수 있었고, 나중에 실라와 디모데가 마게도냐에서 합류하였을 때 더 활기찬 전도 사역을 할 수 있었습니다(행 18:5).

브리스길라와 아굴라 부부는 헌신된 전문인 선교사들이었습니다. 나와 함께 고린도를 떠나 에베소로 옮겼는데, 불과 서너 주 만에 내가 예루살렘으로 떠나자 에베소에 남아 내가 3차 선교여행으로 에베소로 돌아올 때까지 선교 사역을 수행했습니다. 에베소에서 3년의 사역을 마치고 마게도냐와 일루리곤으로 갈 때 나와 동행했고 일루리곤 사역을 수행하다가 거기서 로마로 돌아가 가택 교회를 인도했습니다. 이 부부는 "내 목숨을 위하여 자기들의 목까지도 내놓았"습니다(롬 16:3-4). 내가 로마에 도착한 후에도 끝까지 신실하게 동역해 주었습니다. 나중에는 다시 에베소로 돌아가 선교를 이어 갔습니다(딤후 4:19). 사업보다 선교를 위해 지역을 옮겨 다닌 이들은 전문 기술을 복음의 진보를 위해 선용한 전문인 선교사였습니다.

누가도 참으로 귀한 동역자였습니다. 2차, 3차 선교 여행에 동행했을 뿐 아니라 가이사랴 감옥에 있던 나의 건강을 보살펴 준 공로로 로마로 호송될 때 동행이 허락되었고 내가 순교할 때까지 건강을 보살펴 주었습니다(행 27:1; 딤후 4:11). 누가도 의사로서 전문 기술을 가지고 선교에 전념한 일꾼입니다. 그 외에도 많은 사역자들의 헌신과 동역이 눈물겹게 감사합니다. 이들이 없었으면 우리의 선교는 당시 그만큼 이루지 못했을 것입니다.

선교사님 주변에도 신실한 동역자들이 있을 줄 생각합니다. 각자가 주님께 헌신하고 맡은 일에 충실하되 서로 돕고 의존하고 경청하여 주님께서 맡기신 선교 사역을 잘 수행하길 바랍니다. 아굴라 부부나 식주인(食主人) 가이오 같은 동역자들을 새로이 예비해 주시길 기도하기 바랍니다. 복음을 전하러 가는 다른 선교사들을 위해 타고 갈 자동차나 배나 비행기를 수리하거나 운전해 주는 선교사들의 수고도 하나님은 귀하게 보시고 같은 상급을 주십니다. 지금 다른 선교사를 지원하는 사역을 하고 있다면 그것도 귀하고 값진 하나님의 일일 것입니다.

선교는 혼자 할 수 없습니다. 복음의 진보를 위하여 각자의 은사와 재능을 기쁘게 드려 연합 사역을 해야 합니다. 혼자 일하는 것은 현실적으로 힘들 뿐 아니라 주님이 정하신 선교 전략도 아닙니다. 같은 기관에 소속된 선교사들이 아니라 할지라도 각자 독특한 사역을 하면서 서로 인정하고 귀히 여기고 필요할 때 함께 인력과 재정을 모아 협력 사역을 하면 좋을 것입니다. 같은 지역이나 같은 선교 분야로 관련이 있는 선교사들은 어떻게 서로 협력하여 시너지 효과를 낼 수 있을지 상의하고 기도하며 주님의 인도하심을 찾아 가기 바랍니다. 민족 복음화나 세계 선교의 과제는 너무 커서 모든 성도와 목회자와 선교사가 연합해서 총력을 기울여야 합니다.

현지인들과의 동역

선교 사역의 승패는 어떤 현지인들을 만나 어떻게 동역하느냐에 달려 있습니다. 복음으로 낳은 현지인들 중에서 동역자들이 세워지도록 기도하십시오. 내가 선교할 때에는 가는 곳마다 하나님이 허락하신 현지인 동역자들이 많았습니다. 선교사님도 그럴 것입니다. 그들에게 감사하고 귀히 여길 때 선교사님의 사역은 더욱 힘을 얻게 될 것입니다.

많이 부족해 보여도 현지인 성도나 동역자를 대수롭지 않게 생각하거나 흡족하지 못한 내색을 하지 않도록 조심해야 합니다. 현지인들을 귀하게 여겨야 합니다. 특히 무시하는 인상을 보이면 안 됩니다. 무시받는 느낌은 누구나 쉽게 감지하지만 민족이 다른 경우는 더 깊은 상처를 받습니다. 오히려 존중해야 합니다. 같은 천국 시민이고 하나님의 선교를 함께 실행하여 주님의 나라를 함께 확장해 갈 동역자요 하나님의 일꾼들이기 때문입니다.

고린도에서 복음을 전할 때 나는 심히 떨었습니다.

지혜와 경험으로 전도하지 않고 오직 성령의 능력이 나타나기를 기다리는 마음으로 두려웠고, 복음을 전파한 후에도 버림을 받을까 두려운 마음으로 조심했습니다. 나중에 거짓 선생들이 성도들을 미혹했을 때에는 그 미혹으로 형제들이 그리스도를 향하는 진실함과 깨끗함에서 떠나 부패할까 두려웠습니다(고전 2:3-5; 고후 11:3). 그러다 보니 복음으로 낳은 성도들이지만 그들에게 군림하기보다 조심하는 자세를 가졌습니다.

선교사님도 지위나 권세나 돈으로 사역하지 말고 조심하며 모본으로 사역하길 당부합니다. 건물부터 짓거나 물량을 동원하는 선교는 지양해야 할 것입니다. 소명을 따라 맡은 일에 최선을 다하는 모습, 하나님을 사랑하고 충성하는 모습, 남을 섬기는 모습, 고난을 극복하는 모습, 물질적인 것에 초연한 모습, 투명하게 재정을 관리하는 모습, 전도를 최우선하는 모습으로 신뢰와 존경을 얻으며 사역하기 바랍니다.

모본으로 현지인 리더십을 키워야 합니다. 아직 어리고 부족한 것이 많아도 장기적인 차원에서 볼 때 현지 동역자들은 선교사님의 선교를 이어받을 사람들입니다. 내가 1차 선교여행을 마치고 돌아오는 길에 더베, 루스드라, 이고니온, 비시디아 안디옥에서 장로들을 세웠던 일을 기억하십시오. 그들은 불과 몇 달밖에 안 된 초신자들이었고, 다른 성도들과 신앙 연륜도 비슷했습니다. 하지만 기도하면서 성품과 헌신의 덕목을 갖춘 신실한 사람들을 지도자들로 세웠습니다. 부족한 그대로 능하신 하나님의 손에 의탁했습니다. 2차, 3차 선교여행 때 이 교회들을 다시 방문해 보니 그들의 지도력 아래서 교회들은 잘 세워져 가고 있었습니다.

현지의 동역자들과 성도들을 위해 기도해야 합니다. 나는 쉬지 않고 현지 성도들을 위해 무릎을 꿇고 기도했습니다(롬 1:9; 엡 1:16, 3:14-15; 빌 1:4; 골 1:3, 9). 하나님께서 지혜와 계시의 영을 주셔서 하나님을 알게 하시고 마음의 눈을 밝히셔서 그의 부르심의 소망이 무엇이며 성도 안에서 그 기업의 영광의 풍성함이 무엇이며 그의 힘의 위력으로 역사하심을 따라 믿는 우리에게 베푸신 능력의 지극히 크심이 어떠한 것을 알게 하시기를 바라며 기도했습니다(엡 1:16-19).

성령께서 성도들의 속사람을 능력으로 강건하게

하시고 믿음과 사랑에 뿌리가 박히고 터가 굳어져 그들이 모든 성도와 함께 그리스도의 사랑의 너비와 길이와 높이와 깊이가 어떠함을 깨닫게 해 주셔서 하나님의 모든 충만으로 성도들을 충만하게 하시기를 간구했습니다(엡 3:15-19).

이들의 현실적 필요를 위해 기도하기보다 이들의 내면이 그리스도의 은혜와 하나님의 사랑으로 충만하게 되길 기도한 내용을 유념하십시오. 선교사님도 이런 기도로 현지 성도들이 신심(信心)이 깊고 헌신된 일꾼으로 성장하여 선교사님의 성숙한 동역자가 되고, 동역자를 넘어 친구가 되고, 나중에는 사역을 이끌어 갈 지도자들로 세워지길 기도하십시오.

신실한 후임자를 찾아

사역이 어느 정도 자리를 잡으면 선교사님의 은퇴 시기와 상관없이 후임자를 위해 기도해야 합니다. 이력서와 자기소개서와 추천서를 받아 검토한 후 인터뷰하여 후임자를 정하는 방식이 잘못된 것은 아니지만 위험 부담이 너무 큽니다. 함께 사역하는 동안 주님을 향한 갈망과 교회를 향한 헌신과 성품과 영성이 드러나고 증명된 사람, 기도와 전도와 설교와 섬김에 은사와 열심을 가진 사람, 사역 비전과 전략을 공유하는 사람이어야 합니다. 내가 디모데와 디도를 후계자로 지목한 근거입니다. 나를 잘 대우해 주고 순종적인 사람부터 구하면 안 됩니다. 지금 맡은 일을 잘하는 것보다 더 중요한 점은 최고 지도자가 되었을 때 그 역할을 잘 해낼 사람일지 고려해야 합니다. 행정을 잘하던 2인자를 대표로 세웠는데 그가 계속 행정 일만 잘하고 있다면 문제가 있습니다. 행정은 다른 사람에게 맡기고 비전 제시와 추진, 사역 홍보와 모금에 주력하면서 다른 사역자들을 지휘하고 섬기는 지도력을 발휘할 사람을 책임자로 세워야 합니다.

먼저 3-4명의 후보자를 생각하고 관찰하면서, 어느 정도 윤곽이 잡혀도 당사자에게 미리 언질을 주거나 약속을 하지 말아야 합니다. 주님의 인도하심을 확인하기 위해 이사회 같은 상부 조직을 통하여 정상적 절차를 밟는 것이 중요합니다. 좀 가혹하게 보이더라도 철저하게 정상 절차를 거쳐야 결국 취임하는 후임자가 정당성을 확보하고, 인정받은 리더십으로 사역을 이끌 기틀이 마련됩니다.

후임자가 정해졌는데 선교사님이 대표의 역할을 계속하면 안 됩니다. 좀 부족해 보여도 리더의 역할을 수행하게 하고 선교사님은 도움과 자문을 요청받을 때 도와주는 역할을 하면 됩니다. 목회자의 경우와 달리 후임자가 정해진 후 그 사역을 굳이 떠날 필요도 없습니다. 그냥 선교사로서 후임자의 리더십 아래 전도와 섬김의 사역을 계속하면 될 것입니다.

후임자로서는 직책을 맡는 것보다 사역을 이어 가는 것이 더 중요합니다. 선교사님이 발전시켜 온 모든 전도 기술과 사역의 심장과 비전, 전략, 네트워크를 이어 갈 사람이어야 합니다. 내가 디모데에게 부탁한 대로 다른 사람을 가르칠 수 있는 사역자, 내가 할 수 있는 것을 모두 이어받아 수행할 수 있는 사람을 기르는 것이 관건입니다. "또 네가 많은 증인 앞에서 내게 들은 바를 충성된 사람들에게 부탁하라 그들이 또 다른 사람들을 가르칠 수 있으리라"(딤후 2:2). "부탁하라"(entrust)는 그냥 넘겨주라는 말이 아닙니다. 소중히 간직하고 발전시키며 전수하라고 맡기는 것을 의미합니다.

비판을 삼가십시오

하나님의 선교는 다양성이 특징입니다. 몸에 여러 다른 지체가 있듯이 선교 사역의 형태도 다양합니다. 게다가 선교지의 선교사 사회는 대체로 좁습니다. 그러다 보니 다른 선교사나 현지인의 사역도 눈에 들어와 서로 비교하거나 판단할 위험이 있습니다. 하지만 판단하거나 비판하지 말아야 합니다. 로마서에서 이런 자세를 강력히 경고했습니다.

"믿음이 연약한 자를 너희가 받되 그의 의견을 비판하지 말라", "먹는 자는 먹지 않는 자를 업신여기지 말고 먹지 않는 자는 먹는 자를 비판하지 말라. 이는 하나님이 그를 받으셨음이라. 남의 하인을 비판하는 너는 누구냐 그가 서 있는 것이나 넘어지는 것이 자기 주인에게 있으매 그가 세움을 받으리니 이는 그를 세우시는 권능이 주께 있음이라", "우리 각 사람이 자기 일을 하나님께 직고하리라 그런즉 우리가 다시는 서로 비판하지 말고 도리어 부딪칠 것이나 거칠 것을 형제 앞에 두지 아니하도록 주의하라"고 했습니다(롬 14:1, 3-4, 12-13). 모든 그리스도인에게 해당되는 말씀이지만 특히 사역자들에게 필요한 말씀입니다.

누구든지 스스로 무엇이 된 줄로 생각하면 스스로 속이는 것입니다. 제대로 되지 못한 상태에서 된 줄로 생각하든지, 그런 자세로 남을 비판한다면 더 큰 오류를 범하는 것입니다(갈 6:3, 7). 좀 마음에 들지 않는 부분이 보여도 빌립보 성도들에게 언급했던 것같이 아무튼 전파되는 것은 그리스도일 것이라 생각하면 좋습니다(빌 1:15-18). 제자들이 예수님을 따르지 않으면서 예수의 이름으로 귀신을 쫓는 사람을 보고 그 일을 금하였다고 말씀드리자, 예수님은 "너희를 반대하지 않는 자는 너희를 위하는 자"이니 그냥 두라고 하셨습니다(눅 9:49-50). 큰 틀에서 관용하는 자세가 필요합니다.

다른 선교사나 현지인 동역자들이 하나님이 부르신

지역과 분야에서 다양하게 복음을 전하기 위해 애쓸 것이라고 생각하십시오. 나름대로 부르심과 순종과 역사하심에 대한 간증이 있을 것입니다. 그러니 남을 비판하거나 판단하지 않는 것이 좋습니다. 다만 각자가 부르심에 최선을 다하는 것이 중요하고, 남도 최선을 다하리라 생각해 주는 것이 좋습니다. 그 최선의 정도는 하나님과 선교사 사이의 비밀이며 하나님이 나중에 공적을 따라 계산하실 것입니다(고전 3:8-15). 자신의 관점과 기준으로 다른 선교사를 판단하거나 비판하기보다 "오직 겸손한 마음으로 각각 자기보다 남을 낫게 여기고 각각 자기 일을 돌볼뿐더러 또한 각각 다른 사람들의 일을 돌보아" 주는 것을 주님이 기뻐하십니다(빌 2:3-4).

후원자들과의 동역

현대 선교사들이 가진 축복은 그들을 위해 기도해 주고 헌금으로 동참해 줄 후원자들이 있다는 것입니다. 선교사 가정과 사역, 현지의 상황을 품고 간절히 기도해 주는 기도 후원자들은 참으로 귀한 동역자들입니다. 선교사님은 기도 편지나 선교 보고를 통하여 정기적으로 형편을 알리고 기도의 지원을 받는 줄 압니다.

그런 면에서 현대 선교사들이 부럽습니다. 내가 사역하던 때에는 기도 편지를 쉽게 자주 보낼 형편이 못되었습니다. 그래서 편지를 쓸 때 간단히 기도 제목만 나누었습니다. 나도 그들의 기도가 절실했습니다. 선교사님은 어떤 제목으로 기도를 부탁합니까? 내가 선교사와 전도자로서 성도들에게 부탁한 기도 내용이 도움이 되길 바랍니다.

> 또한 우리를 위하여 기도하되 하나님이 전도할 문을 우리에게 열어 주사 그리스도의 비밀을 말하게 하시기를 구하라 내가 이 일 때문에 매임을 당하였노라 그리하면 내가 마땅히 할 말로써 이 비밀을 나타내리라(골 4:3-4).

> 또 나를 위하여 구할 것은 내게 말씀을 주사 나로 입을 열어 복음의 비밀을 담대히 알리게 하옵소서 할 것이니(엡 6:19).

너희는 우리를 위하여 기도하기를 주의 말씀이 너희 가운데서와 같이 퍼져 나가 영광스럽게 되고 또한 우리를 부당하고 악한 사람들에게서 건지시옵소서 하라(살후 3:1-2).

어느 교회에서든 복음 전파에 대한 기도를 부탁했음을 유념하십시오. 주님께서 전도할 문과 듣는 사람들의 마음의 문을 열어 주시길, 또 그 문이 열렸을 때 내가 담대하고 분명하게 복음의 비밀을 설명하게 해 달라고 요청했습니다. 에베소와 골로새 성도들이 내가 보낸 이 구체적 기도 제목을 붙잡고 기도했을 것이고 그 응답으로 총독들과 아그립바 왕에게도 전도할 문이 열렸고 그때마다 나는 담대히 복음을 전할 수 있었습니다. 선교사님도 성도들에게 기도를 부탁하여 그들이 드린 간절한 기도의 응답으로 열린 전도의 기회에 담대하고 분명하게 복음을 전하며 주님께 영광 돌리길 축복합니다.

기도 편지나 선교 보고에서 나눌 간증도 중요한 동역의 수단입니다. 이것도 내가 선교여행을 마치고 돌아와 보고하는 내용이 선교사님에게 가이드라인이 되길 바랍니다. 가장 중요하게 나누어야 할 내용은 하나님이 함께 행하신 모든 일과 이방인들에게 믿음의 문을 여신 전도에 대한 보고여야 합니다(행 14:27, 21:19).

고생한 이야기나 자선사업한 간증이나 자기 자랑은 지양해야 합니다. 자신의 사역을 나눌 때는 분수 이상으로 자랑하지 말고 하나님이 주신 한계 내에서 말해야 합니다(고후 10:13). 남과 함께한 수고를 자기 사역인 것처럼 분수 이상으로 자랑하지 말아야 합니다(고후 10:15-16). 효과적인 전도를 위해 기도한 후원자들에게 전도한 내용을 나누어 기쁨과 감사가 넘치게 하고, 기도에 응답하신 하나님께 영광을 돌리게 하는 것이 선교 보고의 핵심이 되어야 합니다. 하나님께서 선교사님에게 귀한 기도와 후원의 동역자들을 붙여 주셨습니다. 이들과 기도 제목을 주고받고 전도 중심적 선교의 애환과 보람을 나누면서 서로 감사와 기쁨의 동역을 이어 가길 축복합니다.

선교 사역에 변화가 필요할 경우 후원 교회나 후원자들에게 기도 제목을 내는 것은 물론 중요한 일을 함께 상의하는 것도 필요합니다. 선교사가 혼자 결정하고 후원자들에게 알리는 것은 지혜롭지 못합니다. 결정을 내리고 통보하는 것보다 변화가 필요한 상황과 옵션을 사전에 충분히 설명하고 기도와 조언을 부탁하는 것이 바람직합니다. 사역지를 다른 나라로 옮기거나 선교 사역을 변경하거나 종료할 때에 파송 교회와 소속 기관에 알려 미리 의논하는 것은 선교사의 기본적인 의무입니다. 요약하면, 통보하지 말고 상의하십시오(Don't tell, but ask). 후원 교회에서 섭섭한 대접을 받을 때도 있을 것입니다. 하지만 은혜를 받은 일은 대리석에 기록하여 오래 기억하고 서운한 대접을 받은 경우는 모래판에 기록하여 속히 사라지게 하는 자세를 가지면 좋을 것입니다.

파송 교회와 선교 단체는 선교사 허입, 사역, 재정, 은퇴 등 제반 분야에 대한 내부 규정을 가지고 있어야 일관성과 형평성 있는 선교 행정으로 선교사들을 지원할 수 있을 것입니다. 파송 교회는 선의의 감독자가 되어야 합니다. 선교사가 사역을 잘하고 있는지, 기도 편지와 사역 보고서는 규정대로 잘 제출하고 있는지 관심을 갖고 점검해야 합니다. 그러나 군림하는 자세를 가지면 안 됩니다.

선교사님은 기도 제목과 선교 보고를 통하여 동역하는 파송 교회나 후원 교회에 선교적으로 영향을 줄 수 있습니다. 선교의 결과로 교회가 생겼고, 주님께서 지상 명령을 모든 교회에게 주셨으므로 모든 교회가 선교를 지속해 가야 합니다. 선교는 열심 있는 몇 사람이 하는 일이 아니라 모든 성도가 참여해야 하는 주님의 일입니다. 무엇보다도 담임목회자를 비롯한 지도부의 역할이 아주 중요합니다. 선교를 강조하고 선교를 위해 기도하고 선교사를 모집하는 데 결정적 역할을 할 수 있는 자리에 있기 때문입니다. 선교사님의 동역과 소통으로 후원 교회와 성도들이 선교에 대해 더 알아 가고 동참하게 되기를 기원합니다. 선교사님이 동역하는 선교사들과 현지인들, 후원 교회들과 아름다운 동역을 이루어 하나님의 나라를 확장해 가기를 기도하며 축복합니다.

7

하나님의 선교에 발맞추어 가십시오

바울이 걸었던 것으로 알려진 마지막 길 100여 미터

-
바울은 지구의 반 바퀴에 해당하는 거리를 걸어 다니며 복음을 전했습니다. 그리고 여기 마지막 100여 미터를 걷고 순교했습니다. 마지막 순간에도 그는 예수 복음은 목숨을 바쳐서라도 전할 가치가 있음을 선포했습니다. 그는 불굴의 전도자, 따뜻한 목회자, 냉철한 신학자였습니다. 그러나 그가 했던 모든 사역은 하나님이 주도하신 하나님의 선교였습니다. 바울은 충성과 헌신으로 하나님과 동역한 하나님의 도구였습니다.

| 행 16:9-10 |

밤에 환상이 바울에게 보이니 마게도냐 사람 하나가 서서 그에게 청하여 이르되 마게도냐로 건너와서 우리를 도우라 하거늘 바울이 그 환상을 보았을 때 우리가 곧 마게도냐로 떠나기를 힘쓰니 이는 하나님이 저 사람들에게 복음을 전하라고 우리를 부르신 줄로 인정함이러라

        선교는 동역인데 가장 중요한 동역자는 하나님이십니다. 하나님이 우리를 선교사로 부르시고 화목하게 하는 말씀과 직분을 주시고 함께 일해 주십니다(고후 5:18-6:1). 예수님도 복음을 전하러 모든 민족으로 나아가는 사람들과 항상 함께 있으리라고 약속하셨습니다(마 28:18-20). 성령님이 강림하신 첫 목적이 우리를 능력 있는 증인으로 세우기 위함이었습니다(행 1:4-8). 우리

의 각오와 신념으로는 복음을 제대로 전할 수 없으므로 성령님께 붙들리는 것이 증인이 되는 가장 좋은 준비입니다. 성삼위 하나님께서 복음의 세계 전파를 위해 우리와 함께하시고 우리를 사용해 주십니다.

선교사들이 알아야 할 것은 하나님은 우리를 선교사로 부르시기 전에 먼저 예수님의 제자와 예배자로 부르셨다는 사실입니다. 간절한 마음으로 하나님께 드리는 예배와 기도를 통하여 성령의 충만함을 덧입어야 하고, 예수님 중심으로 살며 그리스도의 장성한 분량까지 자라 가려고 무한히 애쓰는 사람이 되어야 합니다. 그래야 힘 있게 선교 사역을 감당할 수 있습니다. 예수님께서 열두 사도를 따로 세우신 목적은 "자기와 함께 있게 하시고 또 보내사 전도도 하며 귀신을 내쫓는 권능도 가지게 하려 하심"이었습니다(막 3:14-15). 선교사는 전도하기 전에 먼저 '주님과 함께 있어야' 합니다. 예배와 기도와 말씀과 성령으로 충만함을 먼저 덧입어야 합니다.

하나님과 가까이 동행해야 하나님의 마음으로 영혼들을 만나고 하나님의 축복을 나누어 줄 수 있습니다. 그러니 바쁜 선교지의 일상 속에서도 성경을 읽고 공부하고 묵상하며 기도에 전혀 힘쓰기 바랍니다. 성령님은 하나님과 가까이 동행하며 예수님의 복음을 전하려는 선교사들과 전도자들의 발걸음을 인도해 주십니다. 선교사에게 이보다 더 큰 힘과 위로는 없습니다.

선교를 주도하시는 하나님

선교는 하나님이 하시는 일입니다. 나는 늘 이 진리를 경험해 왔습니다. 하나님이 주권적으로 선교하시는데 나는 옆에서 수종을 드는 도구라는 것을 알게 되었습니다. 사도행전의 기록이 이것을 잘 알려 줍니다.

오순절 성령 강림에 이어 성령이 말하게 하심을 따라 다른 언어들로 말하기를 시작한 사건을 계기로 베드로가 성령이 충만하여 예수님이 그리스도이신 것과 그분이 죽으시고 부활하신 것을 담대히 증거했습니다. 그 설교를 듣고 3천 명이 회심하고 성령을 선물로 받았습니다. 성전 미문에 앉아 구걸하던 걷지 못하는 거지를 일으켜 걷게 한 것도 하나님의 역사였습니다. 베드로는 놀라는 청중을 향하여 "우리 개인의 권능과 경건으로 이 사람을 걷게 한 것처럼 왜 우리를 주목하느냐 … 하나님이 그의 종 예수를 영화롭게 하셨"다고 선포하며 또다시 복음을 전했을 때 믿은 사람이 남자만 5천 명이나 되었습니다(행 3:12-13, 4:4).

이 일로 베드로와 요한이 구금되었고 교회가 그들을 위해 기도하자 모인 곳이 진동했으며 모두 성령의 충만함을 얻어 담대히 하나님의 말씀을 전하게 되었습니다. 일곱 '집사'를 세운 후 사도들은 더욱 전도에 집중했는데 그 결과 제사장 무리를 포함하여 수많은 사람들이 예수님을 믿었습니다. 스데반도 은혜와 권능이 충만하여 큰 기사와 표적을 행하다가 유대인들의 고소로 순교했습니다.

그때 나는 스데반과 성도들을 극렬하게 핍박하는 자리에 있었습니다. 가말리엘 문하에서 많은 학문을 익힌 내가 스데반의 지혜를 능히 당하지 못한 것은 그가 성령으로 말했기 때문입니다(행 6:8-10). 빌립이 사마리아에서 복음을 전할 때도 성령의 역사로 많은 사람이 주님을 믿었고, 성령이 가사(Gaza)로 그를 인도하여 에디오피아 내시를 만나게 하셨습니다. 그에게 복음을 전하고 세례를 준 후에는 성령께서 빌립을 이끌어 아소도와 가이사랴에 가서 복음을 전하게 하셨습니다.

이방인 백부장 고넬료에게 환상 중에 말씀하시고, 이방인과는 절대 접촉하지 말아야 한다고 확신하던 베드로에게 환상 중에 말씀하셔서 결국 고넬료 가족을 구원하여 이방 선교의 물꼬를 트신 분은 결국 하나님이셨습니다. 하나님의 이 개입으로 사도들은 "그러면 하나님께서 이방인에게도 생명 얻는 회개를 주셨도다"라는 결론에 도달했는데(행 11:18), 이것이 이방 선교를 인정한 첫 신학적 변곡점이었습니다. 핍박을 피하여 안디옥에 온 예루살렘 성도들이 헬라인에게도 전도하자 수많은 사람이 믿고 주께 돌아왔습니다. 우연 같은 일이 생긴 것은 "주의 손이 함께하시므로" 일어난 역사였습니다(행 11:21).

이방 선교가 이때 시작된 것 같지만 예수님은 이방인 구원을 이미 구상하시고 시행하셨습니다. 로마 백부장의 하인을 고치실 때 백부장의 믿음을 보시고 "동서(東西)로부터 많은 사람이 이르러 아브라함과 이삭과 야곱과 함께 천국에 앉"을 것이라 하셨습니다(마 8:11). "이방인들이 그의 이름을 바라리라" 하셨는가 하면(마 12:21), 수리아, 갈릴리, 데가볼리, 요단강 건너편(요르단) 같은 이방인 지역에 다니시며 전도하셨고 이때 이방인 무리가 예수님을 따라다녔습니다(마 4:23-25).

부활하신 예수님은 사도들에게 모든 족속으로 제자를 삼으라, 온 세상 땅끝까지 다니며 복음을 전하라는 지상명령을 반복적으로 주셨지만 사도들은 이를 제대로 이해하지 못하여 시행하지 못했습니다. 그러나 하나님은 만세 전부터 계획하시고 구약에 약속하신 복음의 세계 전파 비전을 하나씩 주관해 가셨습니다.

일꾼을 택하시고 인도하시는 하나님

내가 예수 믿는 사람들을 잡아 예루살렘으로 데려오려고 다메섹으로 가는 중에 전혀 예고 없이 예수님이 나타나셨습니다. 아나니아가 찾아올 것을 환상으로 보여 주시고, 아나니아에게도 환상 중에 나타나셔서 그를 내게 보내 주시어 내 눈을 다시 뜨게 하신 것은 한 영혼의 구원을 하나님이 주관하신다는 산 증거가 아닐 수 없습니다. 하나님이 고넬료를 구원하시려고 베드로를 보내려고 하셨을 때 베드로는 자신의 선입견 때문에 성령님의 인도를 알아차리지 못했습니다. 결국 성령의 강력한 개입에 순종하여 고넬료를 찾아가 주님의 쓰임을 받았고, 하나님이 새로운 역사를 시작하셨음을 경험하게 되었습니다.

수리아 안디옥으로 피난 온 예루살렘 성도들이 헬라인들에게 복음을 전한 것도 새로운 일을 시작하시는 성령님의 인도였습니다. 안디옥교회 지도자들과 성도들이 금식하며 주님의 뜻을 구할 때 바나바와 나를 따로 세우라고 하신 분도 하나님이었습니다. 하나님이 시키시는 일을 미리 정하시고 그 일을 위해 우리를 부르셨기에 1차 선교여행을 떠났습니다. 사실 안디옥교회가 우리 두 지도자를 보내는 일은 절대 쉬운 일이 아니었지만, 결국 성령님의 인도하심에 순종하여 선교사를 파송하는 역사상 첫 교회가 되었습니다. 선교사를 파송한 결과 하나님의 나라를 위해 쓰임 받고 공헌하는 교회가 될 수 있었습니다. 이렇게 복음을 전할 그릇을 직접 택하여 주시고 성령으로 충만하게 하신 것은 하나님이 선교의 일을 직접 진행하신다는 증거가 아닐 수 없습니다.

　선교 현장에서 하나님의 역사는 더욱 강력하게 나타났습니다. 첫 선교지 구브로에서 엘루마의 눈이 멀고 총독이 예수님을 믿는 기적이 일어났습니다. 유대 총독 빌라도는 예수님을 십자가에 못 박게 내어 주었지만 구브로 총독 서기오 바울은 십자가에 못 박혀 죽은 예수를 주님으로 고백했습니다. 하나님이 하시는 일이 놀랍습니다. 로마제국 곳곳에 복음을 전하려고 장도(壯途)에 올랐는데, 아주 초기에 로마 총독이 예수님을 믿은 것은 결코 작은 일이 아니었습니다. 그의 회심을 보면서 복음은 지위고하와 빈부귀천을 막론하고 모든 믿는 자에게 구원을 주시는 하나님의 능력이 됨을 경험했습니다. 또 복음이 로마제국을 변화시킬 가능성도 보았습니다. 그래서 후에 벨릭스 총독과 베스도 총독 앞에서 변명할 기회가 왔을 때에도 성령님의 도우심을 구하며 담대히 복음을 전할 수 있었습니다. 고린도에서 갈리오 총독 앞에서도 입을 열고자 할 때 기회가 무산되기는 했지만 담대함을 잃지 않았습니다.

비시디아 안디옥에서는 유대인들의 핍박이 심했지만 하나님이 영생을 주시기로 작정된 자들이 있었기에 구원의 역사가 임했습니다(행 13:48). 바나바와 나를 이방인에게 인도하신 분은 성령님이셨습니다. 루스드라에서 나면서 걷지 못한 사람을 일으키는 기적을 베풀어 주셔서 현지인들에게 복음을 전할 문을 활짝 열어 주신 분도 하나님이셨습니다. 그후 비시디아 안디옥과 이고니온에서 온 유대인들의 충동으로 루스드라 사람들로부터 죽은 줄 알고 버리고 갈만큼 돌을 맞았지만 복음은 루스드라 지역에 누룩같이 퍼져 갔습니다.

마게도냐 환상으로 우리를 유럽으로 인도하신 것을 보면 하나님이 선교하심이 더욱 분명합니다. 당시 나는 유럽으로 갈 생각은 전혀 못하고 있었습니다. 성령께서 아시아로 가려던 계획을 막으시고 비두니아로 가려던 길조차 허락지 않으셨습니다. 갈 바를 몰라 난감해하던 나에게 마게도냐로 가라고 환상을 보여 주셨습니다. 향후 2천 년 동안 기독교의 중심이 될 유럽을 미리 보시고 하나님이 직접 그 길로 인도하신 것입니다.

더 이상 사도행전의 자료를 가져오지 않아도 구원

의 역사, 선교사 파송, 선교 여정 인도, 표적과 기사는 모두 하나님의 주도로 된 것이었습니다. 교회와 선교사는 하나님의 도구였습니다. 물론 수동적 도구는 아니었습니다. 선교사들도 사명을 가지고 순종하여 적극적으로 참여했습니다. 하나님은 복음을 확신하고 복음을 전하려는 열망으로 가득 찬 능동적 일꾼들과 함께 당신의 선교를 진행해 가십니다.

내가 예루살렘부터 일루리곤까지 그리스도의 복음을 편만하게 전하는 동안 표적과 기사가 성령의 능력으로 많이 이루어졌던 것같이 선교사님의 사역에도 성령의 능력이 충만하게 나타나길 기도합니다(롬 15:19; 고전 2:4; 행 19:11-12). 성령님의 능력을 사모하고 그 능력으로 선교하십시오.

하나님의 열심을 닮은 선교사

20세기 중반에 미시오 데이(missio Dei)라는 선교학 용어가 대두된 적이 있습니다. '하나님이 선교하신다',

'하나님은 선교의 하나님이시다'라는 의미입니다. 선교는 당연히 하나님의 일입니다. 그런데 이 개념을 비약시켜 선교는 하나님의 일이기 때문에 영혼 구원을 강조하는 교회의 선교가 구제와 사회 정의를 강조하는 하나님의 선교로 대치되어야 한다고 주장하여 교회의 전도적 역할을 크게 축소시키는 결과를 가져온 것은 안타깝습니다. 좋은 성경적 용어에 다른 개념을 덧씌워 신학화하여 엉뚱한 혼란을 야기했습니다. 성경에 묘사된 하나님의 선교 참여는 영혼 구원과 직결되어 있습니다. 앞에서 사도행전의 사례들을 들어 충분히 설명했습니다.

더 나아가 하나님의 선교만 지나치게 강조할 경우 본의가 아니더라도 교회의 선교적 사명과 동참을 약화시키는 결과를 불러올 수 있습니다. 선교지에서 선교사가 혼신을 다하여 사역하지 않고 하나님의 선교를 기다리는 수동적 자세를 갖게 하기도 합니다. 하나님이 선교에 적극적인 만큼 선교사도 열심으로 일해야 합니다. 모든 것이 하나님께 달린 듯 기도하고 동시에 모든 것이 내게 달린 듯 최선을 다하여 사역해야 합니다.

1차 선교여행을 마치고 안디옥에 돌아와 선교 보고

를 할 때에 "하나님께서 함께 행하신 모든 일"을 보고했습니다. 나는 그 어떤 것도 하나님이 하신 선교라고 당연히 말할 것입니다. 동시에 바나바와 나도 열심히 전도했다고 고백하겠습니다. 그 과정에서 선교하시는 주님의 임재와 역사를 자주 경험했습니다.

헌신함으로 하나님의 선교에 쓰임 받으십시오

하나님의 선교이지만 하나님은 선교사가 지상명령을 따라 먼저 전도의 발길을 내딛길 원하시고, 그렇게 전도하러 나아갈 때 함께하심으로 우리의 선교를 이끌어 주신다는 원리를 알아야 하겠습니다. 지상명령 후 제자들이 어떻게 전도했는가가 마가복음에만 기록되어 있는데, 여기에 그 원리가 나타나 있습니다.

제자들이 나가 두루 전파할새 주께서 함께 역사하사 그 따르는 표적으로 말씀을 확실히 증언하시니라 (막 16:20).

순서는 지상명령, 사도들의 전도, 주님의 함께하심입니다. 명령은 이미 주어졌습니다. 전도는 우리가 할 일입니다. 흩어진 예루살렘 성도들은 두루 다니며 복음의 말씀을 전했습니다(행 8:4). 우리도 사방으로 흩어져 "나가 두루 전파"하면 그때 주께서 함께 역사하실 것입니다. 이것이 순서이고 원리입니다.

그러니 주님은 헌신적으로 전도하려는 일꾼을 찾으십니다. 만삭이 되지 못하여 난 자 같은 나도 택하셔서 복음을 증거할 도구로 사용해 주셨습니다. 하나님은 로봇을 사용하지 않으시고 자원하는 심령, 부름 받은 기쁨, 복음의 확신을 가진 일꾼을 기뻐하십니다. 한 번 부름 받은 소명으로 평생 사역하는 경우는 드뭅니다. 필요할 때마다 재헌신하고 순종하면서 선교 사역을 지속해 가야 합니다.

나도 1차 선교여행을 마친 후 갈라디아 지역에 세운 교회의 형제들이 어떻게 지내는지 궁금하기도 하고 또 그리스도의 장성한 분량까지 자라게 도와주려는 열망으로 2차 선교여행을 계획하게 되었습니다. 물론 성령께서 인도하신 것이지만 이때는 내가 주도적으로 두 번째 선교여행을 계획했습니다. 선교의 맛을 본 사람, 하나님께서 함께하시며 일하시는 모습을 경험한 사람은 보다 적극적이고 능동적으로 선교에 참여하게 될 것입니다.

선교사 본인이 선교지를 선택하는 경우도 많습니다. 무슨 공식이 있는 것이 아니어서 기도하며 신중하게 결정해야 합니다. 나의 선교 여정을 보아도 그렇습니다. 하나님께서 강권적으로 인도해 주셨던 경우를 앞에 언급했지만, 어떤 경우에는 내가 기도하면서 전략적 사고를 따라 선교지를 찾았습니다. 1차 선교여행에서 구브로에 간 것은 거기에 유대인들이 많이 살고 또 그곳이 바나바의 고향이었기 때문이었습니다.

비시디아 안디옥을 찾은 것도 그곳이 브루기아, 비시디아, 갈라디아, 아시아를 연결 짓는 행정, 군사, 경제적 요충지여서 선교적으로도 핵심 지역이라 생각하여 높고 험한 타우로스산맥을 넘어 먼 거리를 갔었습니다. 2차 선교여행 때 아시아에 가려고 했던 것도 아시아가 갖는 지정학적, 선교적 중요성을 고려했기 때문이었습니다.

환경에 따라 선교지를 옮기기도 했습니다. 비시디

아 안디옥에서 이고니온으로, 거기서 루스드라와 더베로 옮겨 다닌 것은 각 지방에서 촉발된 핍박 때문이었습니다. 빌립보에서 데살로니가로, 베뢰아와 아덴으로 옮긴 것도 마찬가지였습니다. 비시디아 안디옥과 고린도에서 이방 사역에 집중하게 된 것도 먼저 찾아갔던 유대인들의 반대와 박해가 극심했기 때문이었습니다(행 13:44-49, 18:6). 에베소에서 두란노서원을 따로 세워 전도자들을 길러 낸 것은 중요한 사역이었는데, 이 또한 유대인들의 핍박 때문에 시작되었습니다.

핍박도 복음 전파와 지역 확장을 위해 하나님이 허락하신 것이었습니다. 더 나아가 "내가 또 너를 이방의 빛으로 삼아 나의 구원을 베풀어서 땅끝까지 이르게 하리라"는 말씀을 깨닫게 되었습니다(사 49:6). 그리하여 이방인에게 복음을 본격적으로 전하는 전략을 채택하였고, 주님의 은혜로 주님의 말씀이 온 지역에 퍼져 큰 구원의 역사가 일어났습니다(행 13:45-49).

나는 이방인에게만 복음 전하는 사도로 부름을 받은 것은 아니었습니다(행 9:15). 나중에 유대주의자들과 거짓 선생들이 나의 사도권을 부정하며 이방인이 믿음으로 얻은 구원의 충분성을 공격해 왔기 때문에 이방인의 사도라고 강조했을 뿐입니다(롬 11:13; 고전 9:1). 새로운 선교지에 도착했을 때마다 습관적으로 먼저 회당을 찾아가 복음을 전했습니다(행 17:2). 유대인들이 수백 년 동안 메시아를 간절히 기다려 왔기에 메시아가 오셨고 그분이 예수라고 전해 주어야 마땅했기 때문입니다.

회당에 가는 것은 실질적 이점도 있었습니다. 하나님의 존재를 믿고 섬길 준비가 된 이방인들을 만날 수 있었습니다. 회당은 교육, 사업, 인맥, 금융, 정보의 허브였으므로 낯선 곳에서 동족의 도움으로 사역의 기반을 내리는 데 도움이 되기도 했습니다. 현대 선교에서도 디아스포라 동족을 모아 교회를 개척하고 목회하는 선교사들이 있습니다. 나쁘다고 볼 수 없습니다. 그러나 선교사로 부름을 받았으면 그 동족 교회를 기반으로 현지인 전도에도 주력하면 좋을 것입니다.

선교지와 사역을 선택할 때 전략적 사고, 환경적 여건, 성령의 인도를 모두 고려하면 좋습니다. 한 가지 공식을 고집할 필요가 없습니다. 열린 마음으로 주님께서 가장 원하시는 곳으로 보내 주시기를 기도하고 열심히 찾으면 예비하신 곳으로 인도해 주실 것입니다. 내 경우도 인도되는 방법에 차이가 있기도 했지만 돌아보면 모든 경우에 주님이 함께해 주셨음을 확신할 수 있었습니다. 마게도냐 환상도 그냥 주신 것이 아니었다고 생각합니다. 드로아에서 그 환상을 보기까지 복음을 전하러 아시아로 가려고 애썼고 브루기아, 갈라디아, 무시아 지역을 걸어 다녔습니다. 가는 곳마다 핍박이 많았지만 전도의 열매도 많아 복음을 전한 도시마다 마을마다 예수 공동체가 세워졌습니다. 아덴에서도 매일 아고라에서 전도하다가 아레오바고에서 수많은 철학자들에게 전도할 기회를 얻었습니다.

모든 것이 하나님께 달린 듯 기도하고 모든 것이 내게 달린 듯 노력해야 합니다. 지역을 선택하는 것뿐만 아니라 선교 전반에 걸쳐 전략적으로 생각해야 합니다. 어떻게 사역할 것인가, 어떻게 해야 수포로 돌아가지 않고 지속 가능한 열매를 맺는 사역을 할 것인가 미리 고민하며 기도하며 일해야 합니다. 나도 그런 마음으로 일한 것은 달음질하기를 향방 없는 것같이 하지 않고 허공을 치는 듯 싸우지 않기 위함이었습니다. 힘들게 사역한 후

도리어 버림을 받을까 두려운 마음도 있어 매사에 기도와 전략으로 사역하고자 했습니다(고전 9:26-27).

선교 사역을 할 때도 전도를 열심히 하는 것에 그치지 않고 선교의 지속적 성장과 확장을 위해 교회 개척을 염두에 두고 전략적으로 전도했습니다. 그래서 가는 곳마다 교회가 개척되었습니다. 특히 에베소에서는 교회 개척 전략을 가지고 두란노서원에서 사역했기에 에베소는 물론 골로새, 서머나, 빌라델비아, 라오디게아, 히에라볼리 같은 지역에 교회를 개척할 수 있었습니다. 선교사님도 전략적으로 선교하길 권면합니다.

선교사님, 선교는 하나님이 가장 관심 갖는 분야입니다. 직접 시행해 나가십니다. 그 일에 인간 도구가 필요하여 선교사님도 부르셨고, 감사하게도 선교사님은 순종하였습니다. 지금까지 현지에서 많은 수고를 한 줄 생각합니다. 더욱 하나님의 선교에 발맞추어 가십시오. 사역하면서 하나님의 인도하심과 도우심을 간절히 구하십시오.

마음과 뜻과 힘과 다하여 하나님을 사랑하며 자신을 성결하게 하여 그분이 사용하실 그릇이 되길 축복합니다(신 6:4-5; 마 22:37-38). 거룩하게 되는 것은 의지와 수행을 통해 온전히 이룰 수 없습니다. 오직 거룩하신 분, 예수님을 닮는 것이 거룩을 이루는 길입니다. 하나님과 가까이 동행할 때 하나님이 선교사님을 통해 선교하시고, 선교사님은 하나님의 선교에 쓰임 받으며 동참할 수 있을 것입니다. 매사에 하나님을 의식하고 성령님의 인도에 민감하십시오. 성령의 능력으로 선교하십시오. 깨끗한 양심과 순수한 동기와 신실한 헌신으로 성령의 인도하심을 인지하고 가까이서 따라가며 하나님의 도구로 귀하게 쓰임 받길 축복하며 기도합니다.

| **에필로그** |

주 안에서 사랑하는 선교사님!

　삶의 끝이 가까웠을 때 나의 선교 여정을 뒤돌아보니 하나님께서 순간마다 신실히 인도해 주신 것을 알게 되었습니다. 나는 처음부터 장기 청사진을 가지고 출발하지 못했습니다. 첫 선교여행을 마친 후 2차 선교여행을 미처 생각하지 못했습니다. 2차를 출발한 후에도 유럽까지 복음을 전해야겠다는 생각을 못했습니다. 다만, 하나님께서 열어 주시는 문을 따라 주어진 일을 그때그때 충실히 감당하려고 애썼을 뿐입니다. 주의 말씀은 내 발의 등(lamp)이요 내 길에 빛이라는 말씀같이(시 119:105) 내 주변을 1-2미터밖에 비추지 못하는 작은 호롱불을 따라 성실하게 최선을 다해 주님을 따라 걷다 보니 상당한 거리를 온 것을 발견했습니다.

　그래서 고백합니다. "내가 나 된 것은 하나님의 은

혜로 된 것이니 내게 주신 그의 은혜가 헛되지 아니하여 내가 모든 사도보다 더 많이 수고하였으나 내가 한 것이 아니요 오직 나와 함께하신 하나님의 은혜로라"(고전 15:10). 핍박과 고난이 많았지만 모두 선교 확장의 기회가 되었습니다. 모든 사람이 구원을 받으며 진리를 아는 데 이르기를 원하시는 하나님의 역사에 참여하는 축복을 누렸습니다. 선교는 하나님이 하셨는데, 나는 하나님의 도구로 쓰임을 받아 감사했습니다.

 선교사님도 같은 고백을 할 것입니다. 선교는 하나님과 함께 떠나는 모험입니다. 전지하신 하나님이 인도하시는데도 불확실하게 보이는 때가 많습니다. 아브라함도 갈 바를 알지 못했지만 순종하여 나아갔고, 나도 재정, 선교 계획과 일정을 다 갖추고 떠나지 않았습니다. 매 순간 하나님의 인도하심을 구하며 한 걸음씩 옮겼을 뿐입니다. 전능하신 하나님이 함께해 주시는데도 고난이 많았습니다. 모든 것을 가지신 하나님이 가라고 한 길을 가는데도 여러 번 자지 못하고 주리고 목마르며 여러 번 굶고 춥고 헐벗었습니다(고후 11:27). 그래도 이보다 더 확실한 길은 없었습니다. 이보다 더 보람 있는 일도 없었습니다.

선교사님, 다시 한 번 자신과 선교 사역을 돌아보십시오. 지금까지 인도해 주신 주님의 은혜에 감사하고 감격하시고, 또 부족했던 것이 있으면 다시 한 번 결단하며 주님의 은총을 구하십시오. 지금 어디까지 이르렀든지 뒤에 있는 것은 잊어버리고 부르신 소명을 따라 푯대를 향하여 달려가십시오. 복음의 도구로 택함 받은 사명을 다하십시오. 거기 그리스도 예수 안에서 하나님이 위에서 부르신 부름의 상(賞)이 당신을 기다리고 있습니다(빌 3:12-16).

힘들고 벅찬 선교의 일, 내가 하는 일이 무슨 족적을 제대로 남길까 스스로 의구심이 들 때도 있겠지만 당신이 눈물의 기도와 함께 뿌린 복음의 씨앗이 삼십 배, 육십 배, 백 배의 결실을 맺게 해 달라고 하나님께 간구하십시오. 내가 자주 경험하고 고백한 것같이 하나님은 세상의 약한 것들을 택하사 강한 것들을 부끄럽게 하시며 내 능력이 약한 데서 온전하여지게 하시고 내가 약한 그때에 강하게 하십니다(고전 1:27; 고후 12:9-10).

선교를 우리에게만 위임하시지 않고 하나님이 적

극적으로 추진해 가십니다. 중요한 것은 인간 도구를 통해서 하신다는 것입니다. 복음의 도구로 택함 받은 사명을 다합시다. 모세와 함께하셨던 하나님이 여호수아와 함께하시며 당신의 대역사를 이끌어 가셨습니다. 여호수아를 통하여 마른 요단강을 건너게 하시고 여리고성이 무너져 내리는 큰 기적을 베푸셨고 마침내 가나안 땅에 들어가게 하셨습니다. 그 하나님이 모든 족속에게 복음을 전하여 제자로 삼으라는 지상명령에 순종하여 나아가는 사역자들과 함께하십니다(마 28:20). 그 하나님이 나와 함께하셨고 이제는 선교사님과 함께하셔서 열방을 향한 작은 퍼즐을 맞추어 가실 것입니다.

깨끗하고 충성스런 자원자들을 통하여 하나님은 선교의 역사를 추진해 가시고 마침내 하나님의 비전이 이루어진 영광스런 모습을 보여 주실 것입니다.

이 일 후에 내가 보니 각 나라와 족속과 백성과 방언에서 아무도 능히 셀 수 없는 큰 무리가 나와 흰옷을 입고 손에 종려 가지를 들고 보좌 앞과 어린양 앞에 서서 큰 소리로 외쳐 이르되 구원하심이 보좌에 앉으신 우리 하나님과 어린 양에게 있도다 하니(계 7:9-10).

    이 놀라운 현장에 선교사님의 기도와 수고로 복음을 들은 수많은 사람들이 함께 있을 것을 상상해 보십시오. 얼마나 감격스러울까요? 아직 이 땅에서 더 사역할 수 있을 때 더 열심히 전도하여 더 많은 사람이 이 놀라운 자리에 갈 수 있도록 복음의 씨를 뿌리고 물을 주며 추수하십시오. 선교지의 영혼들을 더욱 사랑하고 섬기십시오. 예수님을 더욱 사랑하십시오. 선교사님을 축복하며 응원합니다. 천국에서 반갑게 만나겠습니다.

묵상과 나눔

| 1장 |

선교의 중요성을 확신하십시오

1. 선교가 예수님에게 참으로 중요한 관심사임을 어떻게 알 수 있습니까?

2. 전도/선교는 예수님의 부활 후 가르침 중 유일하게 기록된 주제입니다. 이 발견이 어떠한 의미로 다가옵니까?

3. 사도행전 1장 6-8절의 문맥에서 8절은 부활하신 예수님의 최대 관심사가 선교임을 보여 줍니다. 이 말씀의 무게가 어떻게 다가옵니까?

4. 예수님의 재림과 선교는 어떤 관계가 있나요?

5. 부활하신 예수님의 최대 관심사인 선교 사역에 선교사로서 부름 받은 사실을 어떻게 생각합니까?

| **2**장 |

전도 중심적 선교를 하십시오

---

1. 전도와 선교에 차이가 있을까요? 있다면 무슨 차이가 있을까요?

2. 바울은 왜 전도를 그의 선교 사역의 핵심으로 생각했을까요?

3. 선교사들이 가장 중요하게 부탁해야 할 기도 제목은 무엇일까요?

4. 기도 편지나 대면으로 선교 보고할 때 핵심 내용은 무엇이어야 할까요? 왜 이것이 중요합니까?

5. 당신의 현재 사역을 좀 더 전도 중심적으로 변화시키려면 어떻게 해야 할까요?

| **3장** |

핵심 메시지를 분명히 전하십시오

---

1. 선교사의 가장 중요한 책무는 무엇입니까? 왜 그렇게 생각합니까?

2. 바울이 가장 우선적으로 전한 선교 메시지는 무엇입니까?

3. 전도할 때 말문을 여는 것이 중요합니다. 어떻게 시작하는 것이 좋겠습니까? 전도 경험을 나누어 봅시다.

4. 복음을 '파는' 세일즈맨으로서 복음의 어떤 부분들(selling points)을 강조하며 '구입'을 권유하겠습니까?

5. 복음의 핵심 내용을 요약해 봅시다.

| **4장** |

목회적 심정으로 양육하십시오

1. 삶으로 복음을 전한 바울의 모습이 어떤 의미로 다가옵니까?

2. 선교지 현지인에게 믿음, 인격, 영성, 헌신의 모습을 가르치려면 선교사로서 어떤 삶을 살아야 할까요?

3. 만약 선교지에서 이임, 은퇴, 영구 귀국한다면, 현지인들과 어떤 모습으로 헤어질 것 같습니까?

4. 선교지의 현지인들과 지속적인 동역 관계를 유지하려면 무엇에 유의해야겠습니까?

5. 선교사가 가져야 할 목회적 심정은 무엇입니까? 나름대로 터득한 원리를 나누어 봅시다.

| **5장** |

재정에 대한 확고한 원칙을 가지십시오

1. 바울은 마땅히 재정 섬김을 받을 수 있던 사도적 권리를 주장하지 않고 열심으로 자비량했습니다. 바울에게서 무엇을 배울 수 있습니까?

2. 하나님으로부터 재정적 필요를 공급받는 비결은 무엇입니까?

3. 재정 투명성을 유지하기 위해 어떤 노력을 하고 있습니까?

4. 선교 재정에 대해 어떤 마음 자세로 사역하고 사는 것이 바람직하겠습니까?

5. 선교 재정의 관점에서 바울 시대와 현대의 차이는 무엇입니까? 차이에도 불구하고 유지되어야 할 원칙들은 무엇일까요?

| **6장** |

아름다운 동역을 이루어 가십시오

1. 선교지에서 다른 선교사들과 어떻게 아름다운 동역을 이루어 갈 수 있을까요?

2. 현지인들과 더 깊고 진실한 동역 관계를 이루려면 어떻게 해야 할까요?

3. 동료 선교사, 현지 동역자를 비판하기보다 귀하게 보려면 어떤 시각을 가지면 좋을까요?

4. 선교지에서의 사역 이양에 관해 어떤 계획이나 원칙을 가지고 준비하고 있습니까?

5. 후원 교회와 기도의 동역자들과 긴밀한 동역 관계를 유지하고 발전시키려면 어떻게 해야 할까요?

| **7장** |

하나님의 선교에 발맞추어 가십시오

1. 하나님의 부르심과 인도하심을 어떻게 받아 왔는지 나누어 봅시다.

2. 하나님이 선교를 주도하시고 선교사는 수종 드는 도구라는 관점에 대해 어떻게 생각하십니까? 구체적 경험을 나누어 봅시다.

3. 하나님이 당신을 선교의 도구로 불러 주시고 사용해 주신다는 것은 어떤 의미를 갖습니까?

4. 미시오 데이(missio Dei) 개념과 선교사의 헌신적 사역과는 어떻게 균형을 맞추면 좋을까요?

5. 선교사 바울의 모습에서 당신이 더 배우고 실천하고자 하는 영역은 무엇입니까?

바울이 보낸 선교 십계명

1. 성령 충만하여 능력 있는 전도자가 되라

2. 선교의 성경적 중요성을 확신하라

3. 하나님의 선교에 발맞추고 헌신하라

4. 복음의 내용을 정확히 숙지하고 친절히 설명하라

5. 전도 중심적 선교 사역에 주력하라

6. 목회적 심정으로 선교지의 성도들을 양육하라

7. 현지 성도들을 사랑하고 섬기며 리더로 세워 주라

8. 동료 선교사, 현지 성도, 후원자들과 아름다운 동역을 이루라

9. 하늘로부터 재정적 필요를 공급받는 비결을 터득하라

10. 복음을 위하여 고난 받기를 두려워하지 말라

내가 쓰는 선교 고백문